デザインの言語化

クライアントの要望にこたえる4つのステップ

こげちゃ丸 著
Workship MAGAZINE 編

左右社

はじめに

この本を手に取ってくださったみなさま、はじめまして。クライアントワークを中心に活動している、デザイナーのこげちゃ丸と申します。

ぼくのキャリアは、プロダクトデザインから始まりました。その後、商品プロモーション、UXデザイン、デザインコンサルタントと幾度かの転職を繰り返し、いまに至ります。デザイン分野が変わると求められるスキルも変わりますが、経験を積むうちに、**どの分野にも共通する大切なスキルがあると気づきました**。**それが、「デザインを言語化する力**」です。

本書は、Webメディア『Workship MAGAZINE』での連載をまとめ、大幅な加筆修正と書き下ろしを加えたものです。20年以上にわたり、デザイナーとして活動してきたぼくの、「デザインの言語化」についての考えや思いをカタチにしました。

デザインの言語化は必要か。デザイナーのなかでも意見の割れる話題です。ぼくも若い頃は「デザイナーは絵で語るべき」と思っていました。でも、クライアントが求めるデザインを提案するために、消費者にとってベストなデザインを生むために、そして自分の考えたいいデザインを世に出すために、デザインを言語化する能力はあったほうがいいといまは思っています。

でも、いきなり「デザインの言語化」と言われると、つい身構えてしまいますよね。この本を手に取ってくれたあなたも、「何やら難しそうだな……」と思いながら手に取ったんじゃないでしょうか。

この本には、ぼくが考えるデザインの言語化に必要な知識や考え方のコツ、そして仕事相手に伝えるための「ちょっとした気遣い」などを詰めました。そして、デザイナーが仕事に向かう上で必要な項目を、4つのステップに分けて、順番に解説しています。

一つひとつはそんなに難しいことじゃありません。気負って読んだ方のなかには「何だ、こんなに簡単なことなのか」と拍子抜けしてしまう人もいるかもしれません。でも、その「簡単なこと」の積み重ねが、デザイナーとして、大きな差になるはずだとぼくは思っています。

「だからデザイナーにも言葉の力が必要なんだ！」「言葉にするって難しいと思っていたけど、こうやって伝えればいいのか！」。言葉のチカラに気付いたとき、きっとあなたのデザインはもっと広く、多くの人に届くものになっているはずです。それでは、さっそくページをめくってみましょう！

こげちゃ丸

もくじ

STEP 3 クライアントの要望をくみとる

STEP 4 チームでの仕事を円滑に進める

まとめ いいデザインって何だろう?

※登場するデザイン・企業・コンセプトボードなどは実際の案件を一部改変して掲載しています。

STEP 1

コンセプトを言葉にする

デザインをスタートするとき、まず行うのが「コンセプト」を考えること。最初のイメージをきちんとすり合わせできていないと、あとで何度も修正しなければならず、大変なことになりますよね。でも、言葉できちんと相手を納得させられる説明ができれば、目指す方向がくっきりしてくるはずです。

コンセプトを言葉にする 1

言語化の第一歩は
コンセプトの提案から

デザイナーにとって「言語化能力」がいかに重要かについて、まずは、「**デザインコンセプトづくり**」から考えてみたいと思います。コンセプトとは、**デザインする上で最初に決める地図であり、羅針盤**。デザインワークに迷ったらコンセプトに立ち戻れば、自分の立ち位置を確かめることができます。進むべき方向を見失ったときの心のよりどころとなる大事な存在です。

Q クライアントからこんな依頼を受けたとしましょう。この場合、どんなデザインコンセプトが考えられるでしょうか。

ボーダレスな空間を目指したビジネスホテル『HOTEL B』を開店します。年齢、性別、国籍関係なく、宿泊者同士が交流できる広い共用部（全体の33%）が特徴です。そこで、開放的で心地よい空間を想起させるWebサイトの制作をお願いしたいです。

コンセプト案1

POINT ❶ クライアントの思いを読み解く

上のコンセプト案1は、共用部分の割合である「33%」をデザインに落とし込み、3×3に分解して9つのグリッドでデザインしたものです。一般的に共用部が30%以上を占める施設は高級ホテルと位置づけられるので、ビジネスホテルで33%という数字は大胆な特徴だと言えます。このように、わかりやすい特徴を、そのままシンプルにデザインコンセプトに落とし込むのは王道の手法です。他にも、33という数字を使ってグラフィック展開する方法が考えられますね。ただ、"ボーダレス"という数値化できない特徴を打ち出したいところで、数字を使ったデザインをするのは、やや違和感があります。クライアントの思いとズレてしまっているかもしれません。

デザイナーが言葉の力を使って最初にやるべきことは

「**クライアントの思いを読み解くこと**」です。これを怠ると、このあとのデザインワークで修正が頻発します。だから、**キックオフ時のクライアントへのヒアリングがとても重要**なんです。急がば回れ、というやつですね。

では、次のコンセプトはどう説明できるでしょう？

コンセプト案2

デザインコンセプト

Seven-color gradation

7色のグラデーションが溶け合うことで多様性とリラックスした世界観を表現

POINT ❷ このデザインにした理由を言葉で説明できるように

ボーダレスな雰囲気もあり、一見よさそうに見えますね。状況によっては、このコンセプトでもいいと思います。ただ、ぼくの経験上カラーに特化した「カラーコンセプト」と、デザイン全体に影響を与える「デザインコンセプト」は明確に分けたほうがいい結果につながることが多いです。それでも、色をデザインコンセプトにしたいときには、少なくとも、その理由を説明する必要があります。

なぜグラデーションなのですか？
なんで7色なんですか？

このようにクライアントに質問されたら、言葉で答えなくてはいけません。

さまざまな人がコミュニケーションで溶け合うイメージを表現しています。
7色は多様性を想起させるからです。

これでも説明できているように感じられるかもしれませんが、クライアントに納得してもらうには、もう少し具体的な説明が必要です。デザインコンセプトは、デザイナーの考えを言語化したもの。それと同時にクライアント側が**「自分の思いがデザイナーに伝わったのか？」を確認するためのツールでもある**からです。（色の言語化はp.068を参照）

デザインチーム内で全員が「いける！」と確信していたアイデアが、クライアントの反応が悪くやり直しになった。デザインあるあるです。でもそれは、**デザインが悪いのではなく、伝え方が悪かった**可能性もあるんです。クライアントに「おっ、こいつオレが言ったことよくわかってるじゃないか」と思ってもらわないとデザインが先に進みません。だから、**デザインコンセプトは、クライアントが理解しやすい言葉で伝えなくてはいけない**のです。
「ひとことで全部伝えるなんて無理だよ〜」と思う人もいるかもしれませんね。もちろん、ひとことで全部伝えなくても大丈夫です。写真や図などのビジュアルの力も使いながら、クライアントに伝わる言葉を重ねていけばいいんです。

たとえば、こんなアプローチもあるかもしれません。

コンセプト案3

POINT ❸ 相手の言葉を使って伝える

このコンセプトをクライアントに説明するとしたら、どう言語化すればよいと思いますか？　疑似プレゼンをしてみましょう。

デザインコンセプトは「infinity」、無限や永遠を意味する言葉です。

私はいただいた依頼内容から「ボーダレス」がもっとも重要なキーワードだと感じました。心の境界線を解放し宿泊者同士の交流が生まれるシーンを表現したコンセプトワードが「infinity」です。

また、共用部の開放的で心地よい空間、それがHOTEL B 最大の魅力。それを境界なくつながるビジュアルで表現したいと考えています。縦スクロールに合わせて展開していくWebデザインがいまのトレンドですが、今回はあえて横スクロールを基調としたデザインがいいと思います。年齢、性別、国籍に関係ない宿泊者同士の交流は対等でフラットな関係のはず。そこを横基調の連なるビジュアルで表現したいんです。

これまでより、クライアントが聞きやすい内容になっていると思いませんか？

プレゼンで一番大事なのは、相手が知りたいことを伝えることです。自分が伝えたいことは、その次です。そして、クライアントが知りたいことは、ただひとつ。

自分が依頼した内容をこの人はどう解釈したんだろう？

これに尽きます。ぼくはプレゼン時に、クライアントが**依頼時に使った言葉をなるべく使う**ようにしています。そうすることで共通言語で議論ができるんですね。

間違っても専門用語を駆使して相手をけむに巻いてはいけません。「あえてビジュアルヒエラルキーをつけずにボーダレスな世界観を演出します。パララックスを使ってフラットながら効果的な強調表現にトライしたいです」なんて、ここまで偏った言い方をする人はいませんが、必要以上に横文字を使うデザイナーっていますよね。**専門用語を使いすぎるのは、逆効果**だと覚えておいたほうがいいでしょう。

POINT❹ いいコンセプトはアイデアを加速させる

デザインコンセプトには、デザインの方向性を決めプロジェクトを円滑に進める役割の他に、**アイデアを加速させる機能**もあります。いいデザインコンセプトは、クリエイティブな発想を刺激し、ときにそれはデザイナー以外の人へも波及します。

「ラウンジの内装、大きな鏡を入れて空間の広がりを強調したいね」

「バーで出すオリジナルカクテル、“永遠(トワ)イライト” というネーミングはどうかな？」

自分が考えたコンセプトが、Webという世界を超えて広がっていったら、こんなにうれしいことはないです。デザインの言語化は、とても難しい。でも、魅力的な考えを力ある言葉で表現できたときは、めちゃくちゃ気持ちいいです。自分でもほれぼれするような絵が描けたときと同じくらい達成感があります。

書いて、描いて、また書いて。よいデザインをするために、書くトレーニングも大事だなと感じる毎日なのです。

コンセプトを提案するときの極意

- デザイナーが言葉の力を使って最初にやるべきことは「**相手の思いを読み解く**」こと
- デザインコンセプトは、デザイナーの考えを言語化したものであると同時に、**相手が「自分の思いがデザイナーに伝わったのか？」を確認する**ためのツールでもある
- **相手が依頼時に使った言葉**を使って説明する

説得力のある
コンセプトの作り方

ここからは、「デザインコンセプト」を作るための、さらに具体的なコツについて考えてみたいと思います。コンセプトを作る簡単な方法があると言ったら、どうしますか？　魅力的なコンセプトを作るだけなら、じつは簡単なんです。

Q 「安くて、おいしい、ボリューム満点のステーキハウス」。どこかで聞いたことのあるフレーズですが、つい行ってみたくなりますよね。でも、実際にはそういうお店は少ない。なぜでしょうか？

答えは、**実現するのが難しいコンセプトだから**です。「安い」と「おいしい」という相反する要素を両立しながら、利益を確保することは困難です。どんなにすばらしいコンセプトでも、実現できなければ意味がありません。コンセプトを作るときには、ちゃんと実現性を考慮しなくてはいけないのです。

POINT ❶ コンセプトの鉄板「A&B構文」は3種類ある

コンセプトを表現するカタチはさまざまですが、ぼくが鉄板だと思うカタチが**A&B構文**です。

A&B構文とは、「Cute & Pop」のように**ふたつの言葉を「&」でつないで表現するもの**です。このカタチは、キャッチコピーでもよく使われます。見た目がよく、音読したときリズムがいいのが、A&B構文の特徴です。ふたつの言葉を組み合わせるだけで、コンセプトらしくなる便利な構文ですが、注意が必要なカタチでもあります。ただ闇雲に言葉を置いてはダメなのです。

A&B構文の代表的な3つの型を例にして、どのような場面で使うべきか。その効果と注意すべきことを書きたいと思います。

1 商品やサービスのコンセプトに有効な「動詞型」

レジなしスーパーというコンセプトを世界で初めて打ち出し実用化した、米国のAmazonが展開する「Amazon Go」。店舗コンセプトの「Grab & Go」は動詞型の代表格です。**ふたつの動詞を「&」でつなげ、商品やサービスの魅力を伝えるもの**です。

「商品をつかんで（Grab）、そのまま店外へ（Go）」。通常、スーパーでこの行為をするのはタブーです。万引きですからね。しかし、Amazon Goは、無数に配置されたAIカメラによる画像解析を駆使してこのコンセプトを実現しました。レジがない無人決済システムを導入している店舗は最近よく見かけるようになりましたが、Amazon Goのコンセプトが発表された2016年は流通業界が騒然となりました。

動詞型は、その商品やサービスがどんなものなのか、**ユーザーが想像しやすい**のがメリットです。言葉もキャッチーになりやすい。でも、**どうやって実現するのか、具体的な方法がない場合は使ってはいけません**。

「開発費を融資してほしい。新しい移動装置のコンセプトは、『Attach & Fly』。頭に付けるだけで、誰でも簡単に空を飛べる夢の装置です！」と言っても、誰も融資してくれませんよね。「ドラえもんがお好きなんですね」と軽くあしらわれるのがオチです。逆に、アイデアに具体策があるときは、A&B構文の動詞型を使うとアイデアを伝えやすくなるのでおすすめです。

2 キャッチーではないが信頼感ある「同義型」

同義型とは「Soft & Warm」のように**イメージが近い言葉を「&」でつなげるもの**です。個々人のイメージにブレがなく、安定感があります。デザインを出したときに先方とのギャップが少ない半面、キャッチーさには欠けます。定番商品のキャッチコピーでよく目にするカタチですね。

表現に新規性が乏しく、コンセプトにはいまいち使いづらいように感じる同義型ですが、効果的な場面もあります。たとえば、**初めてのクライアントとの案件**です。

ある食品メーカーからWeb制作を依頼されたとします。初回の打ち合わせでクライアントが目指したい世界観や伝えたいメッセージをヒアリングし、2回目の打ち合わせでサイトのコンセプトを提案する場面を想像してみてください。

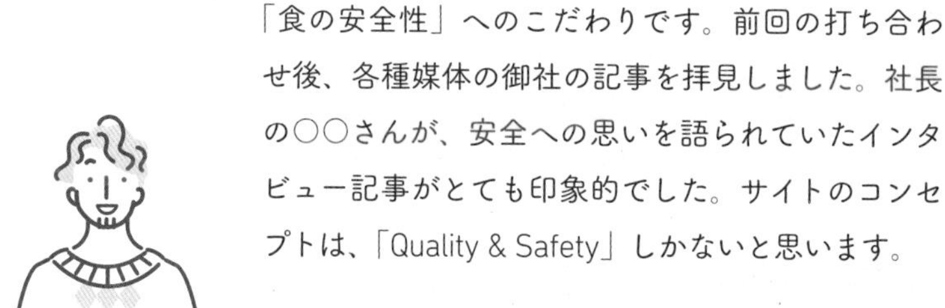

前回、御社が商品の品質に強いこだわりをおもちなのがわかりました。もうひとつ、私が感じたのは「食の安全性」へのこだわりです。前回の打ち合わせ後、各種媒体の御社の記事を拝見しました。社長の○○さんが、安全への思いを語られていたインタビュー記事がとても印象的でした。サイトのコンセプトは、「Quality & Safety」しかないと思います。

「Quality & Safety」は、それほどキャッチーな言葉ではありません。しかも、Webのトンマナやカラーにも展開しづらい言葉です。でも、このコンセプトの狙いは別にあります。それは**「御社の理解を深め、表層的なデザインではなく、本質的なサイト構築からお手伝いしたい」とアピールすること**なんです。

とかく、デザイナーは見た目をきれいにする人と思われがちです。たとえば「Fresh & Clear」という当たり障りのないコンセプトで、見栄えのする色を多用し、きれいなWebサイトをデザインするのもひとつのアプローチだとは思います。

でも、社長のインタビューを見つけ熟読し、自分たちが大事にしている「食の安全」というキーワードをデザイナーが提示してくれたら「このデザイナーは信頼できる」と思うクライアントは多いはずです。事業方針や企業文化を徹底的に調べて生まれたコンセプトは、たとえ平易で見栄えがしない言葉でも、相手の心を動かします。そういう場面では、ためらわずに同義型を使っていいと思います。

3 魔法の構文、どんな言葉も魅力的に見える「対語型」

「Traditional & Modern（伝統的だけど新しい）」のように、**相反する言葉を「&」でつなげるのが対語型**です。どんな

アパレルECサイト開設に向けたコンセプトの提案

言葉でも、魅力的に見える魔法の構文です。

たとえば、「塩しょっぱいおせんべい」と「甘じょっぱいおせんべい」があったら、どちらを食べたいですか？大多数の人が「甘じょっぱい」を選ぶでしょう。

相反する言葉を組み合わせると聞こえのいい、魅力的な言葉になるんです。「Sweet & Bitter」「High & Low」など、**キャッチーな言葉を作りやすい**のがA&B構文の王様、対語型です。

前のページにあるABふたつのコンセプトを提示されたら、Bを選ぶ人が多いのではないでしょうか？　なぜなら、**Bを実現するほうが難しいから**です。実現が困難なことは魅力的に見えるんですよね。Aのほうは、同義型に近いですね。Webデザインにも落としやすいコンセプトですが、既視感がありキャッチーな言葉とは言いがたいです。

コンセプトより大事なことは、**最終的にできあがるデザインが、クライアントの期待を超えること**です。対語型のコンセプトは、簡単にクライアントの期待値を飛び越えることができます。でも、気をつけないと、「コンセプトはよかったけど、デザインは……」とクライアントをがっかりさせてしまいます。それでは逆効果ですよね。

POINT ❷ コンセプトは目的地へ向かうための「地図」

コンセプトは、あくまで商品やサービス、そして**デザインの方向性を絞り込むためのもの**です。勝負は、あくまで最終アウトプット。デザイナーならデザインで。プランナーなら、その企画が実現したときにエンドユーザーがハッピーな気持ちになれるのか？　それが一番大事なんです。

打ち合わせをスムーズに進めるためだけに、聞こえのいい言葉でキャッチーなコンセプトを提案してはいけません。サービスも、商品も、デザインも、**よりよいカタチでエンドユーザーに届けることが、最大で唯一の目的**です。

説得力のあるコンセプト作成の極意

・コンセプトの鉄板「A&B構文」を覚えよう

❶ふたつの動詞をつなげる「**動詞型**」……どんなものなのか想像しやすく、**商品やサービスの魅力**を伝えるのに有効

❷イメージが近い言葉をつなげる「**同義型**」……新鮮さに欠けるが、**初めてのクライアントとの案件**に最適

❸相反する言葉をつなげる「**対語型**」……キャッチーな言葉を作りやすい魔法の構文だが、実現しにくい

・コンセプトは、あくまで**デザインの方向性を絞り込むための**「**地図**」であり、目的は「最終的にクライアントが納得するデザインに仕上げること」にあると忘れないようにしよう

失敗しない ペルソナ設定の方法

「ペルソナ」という言葉を聞いたことがありますか？　もともとはマーケティング用語で、デザイン業界でも古くから使われていますが、最近では新規事業開発や提案型の営業など、さまざまな場面で目にするようになりました。

ペルソナとは、**製品やサービス、コンテンツ開発などの際にターゲットとして想定する「仮想ユーザー」**のことです。ユーザー像を突き詰めてリアルに描くことで、ユーザーへの理解を深め、潜在ニーズを探るための手法です。一般的には、年齢や住所、職業や年収などの「定量データ（数値化できる情報）」と、感情や趣味、好みにつながる「定性データ（数値化できない情報）」を集め、それらをもとにペルソナシートを作成します。

ただし、ペルソナを設定する上で陥りがちな失敗もあります。それは、ユーザー像をリアルにしようとするあまり、**情報が羅列されただけの「使えないペルソナ」になってしまう**こと。ペルソナ設定で一番大切なことは、**自分た**

ちが誰のために開発しているかを、チーム内で共有することです。そうすることで、ユーザーが必要としていることが明確になり、開発の方向性も定まります。情報の密度が高ければいいわけではありません。

ここでは、どうすれば「使える」ペルソナが作れるのか？　集めた情報を言語化、見える化するときの注意点を事例とともにご紹介します。

Q 新規サービスのデザインを任されたあなた。まずは、どんなユーザーに向けたサービスなのか、ペルソナを設定する必要があります。どんなシートを作ればよいでしょうか？

POINT ❶ イメージが共有できる言葉を使うこと

いつも周りを笑顔にして、その場の雰囲気を明るくする人のことを「太陽みたいな人」と表現することがあります。もちろん、実際には太陽より明るい恒星もありますが、「彼はピストル・スター（太陽の数百倍明るいとされている恒星のこと）みたいだね」とは、決して言いませんよね。

いくら仮想ユーザーを的確に表現できるからといって、あまり知られていない言葉でペルソナを作るのでは意味がない。自分がイメージしやすいからといって「このペルソナのモデルは、友だちのAさんです」と言っても、相手に伝わらないのと一緒です。

ペルソナは、自分たちのサービスや製品の方向性を議論

するために作るもの。そして議論を活発化させるためには、プロジェクト内でイメージを共有できる、**みんなが知っている言葉を使わなくてはいけません**。

POINT ❷ 余白を残して議論を活発化させる

もうひとつ大事なことは、**ペルソナに余白を残しておくこと**です。

一見よさそうなペルソナシートですが……？

新規サービス企画・ペルソナシート

自分らしくシンプルに暮らしたい
バランス型、バリキャリ系

行動情報

趣　味：写真、トレッキング、料理、英会話
消費傾向：自分の琴線に触れたものは値段を気にせず買ってしまう。100均も高級ブティックも両方好き。
情報収集：Instagram、YouTubeがメイン。TikToKは苦手。気に入った雑誌は紙媒体で買う主義。
休日の過ごし方：メリハリをつけて過ごす。予定が詰まっているときと何もしない日のギャップが大きい。

パーソナリティ

自分らしい自然体の生き方を幸せに感じるマイペースキャラ。頼まれたことは責任もってやり遂げる愚直な姿勢は先輩後輩からの信頼も厚い。おっとりキャラに見られがちだが、自分が納得いかないことは上司に対しても真正面からぶつかる熱い部分も併せ持っている。

基本情報

名前：和久船みどり
年齢：32歳
職業：IT企業 開発部門
勤務地：東京都中央区
住居：東京都大田区のワンルームマンションにひとり暮らし
家族：父、母、弟

現在抱えている課題

もともと暴飲暴食はせず、バランスの取れた食生活を意識しているが30歳を超え、より健康意識が高まっている。健康に関する情報をきちんと理解して生活の中に自然に取り入れたいと思っている。
得意の英語を生かして海外で仕事をしたい気持ちもあるし、その為の自己投資も継続しているが、同僚や旧友が家庭をもちライフスタイルを変えている話を聞くと気持ちが揺らいでいる。

将来目指している姿

プライベートと仕事の境界がなく、平日も週末も生き生きとしている経済的に自立した女性。パートナーと共にお互い依存しない関係性の中で家庭を築けるのがベスト。
45歳でサイドFIREし、その後は趣味の世界で充実した時間を過ごす。一生続くコミュニティを作り信頼できる仲間と一緒に自分らしく生きていきたい。

上の例のように、はじめからガチガチに言葉を置いてしまうと、ユーザー像が固まってしまい、議論の余地がありません。

「ペルソナはなるべく詳細に情報を記述すべし！」という意

見もありますが、やりすぎは逆効果です。最初は箇条書きで構いません。むしろ、そのくらいの言葉の密度のほうがいいです。その箇条書きを持ち寄り、企画や営業、そしてデザイナーと立場が異なる人が意見を出し合い、**みんなで議論してペルソナシートを完成させることが大事**なんです。

逆にペルソナを前にして議論が進まない、偏ったアイデアしか出てこない……。そんなときは、その資料に余白が少ない証拠です。ペルソナを見直して、余分な情報を間引いたほうがいいでしょう。

POINT ❸ 3N（NEW・NEO・NEXT）はNGワード

ペルソナを作るとき、**その人をひとことで表すキャッチフレーズ**を決めることがあります。先ほどの例だと、「自分らしくシンプルに暮らしたい、バランス型、バリキャリ系」がそれです。

新規サービス企画・ペルソナシート

自分らしくシンプルに暮らしたい
バランス型、バリキャリ系

行動

趣　　味：写真、トレッキング、料理、英会話
消費傾向：自分の琴線に触れたものは値段を気に
情報収集：Instagram、YouTubeがメイン。Tik
休日の過ごし方：メリハリをつけて過ごす。予定が詰ま

パーソ

自分らしい自然体の生き方を幸せに感じるマイ
げる愚直な姿勢は先輩後輩からの信頼も厚い。
かないことは上司に対しても真正面からぶつか

このキャッチフレーズに、はやり言葉を使うと、共通のイメージをもちやすくなります。ただ、**はやり言葉は、使い方によってはユーザー像が曖昧になる「危険な言葉」でもある**ため、注意が必要です。

たとえば、「アクティブシニア」という言葉があります。趣味にも仕事にも熱心で、健康意識が高い高齢者をさす言葉ですが、数年前、この言葉がマーケティング分野で大流行したことがあったんです。旅行や洋服、お菓子に住宅まで、あらゆる企画がアクティブシニアの文字で埋め尽くされました。結果、さまざまな業界がこぞって自社サービスのペルソナを「アクティブシニア」とし、供給過多になり、市場は飽和しました。いくら時間的にも金銭的にも余裕があるユーザー層とはいえ、使えるお金は限られていますよね。

はやり言葉でペルソナを作るときは、「競争の激しいレッドオーシャンじゃないのか？」を意識をもたなくてはなりません。さらにやってはいけないのが、新規性を出そうとして「ニュー・アクティブシニア」のように抽象度が高い言葉を作ってしまうことです。「ニュー」を付けただけでは、いままでと何がどう違うのか、わからないですよね。これでは議論も活発化しないし、企画も通らないでしょう。

「ニュー（New）」「ネオ（Neo）」「ネクスト（Next）」。この3つは、ペルソナづくりのNGワードです。使うことで抽象度は上がってしまうし、そこから新たな想像もしづらい言葉なので、使わないほうがいいと思っています。

一方、同じアクティブシニアを表すとしても、「デジタルシニア」や「DXじいちゃん」だったらどうでしょう？ Webショッピングを楽しんだり、SNSで積極的に発信しているなど、いまの時代にあったアクティブシニアのイメージが湧いてきませんか？

POINT ❹ ビジュアルで物語を伝えよう！

ユーザーの潜在ニーズに迫る「生きたペルソナ」を作るには、定量データ（数値化できる情報）と定性データ（数値化できない情報）の両方が必要だと冒頭に述べました。そして、定性データをもとにペルソナに命を吹き込むのが、**「ストーリー（物語）」**です。

無料で配布されているペルソナシートのフォーマットの多くに、「ストーリー」や「エピソード」という欄があります。**ユーザーがどのような人なのか、その解像度を高めるための大事な項目**です。一方で、ペルソナづくりで一番悩むのもこの項目でしょう。基本情報や行動情報は、アンケートなどの定量情報をもとに書けますが、ストーリーに関してはそうもいきません。

ふだん、文章を書きなれていない人にとっては、まるで「小説を書きなさい」と言われているようで、ハードルが高いですよね。だからといってペルソナから「ストーリー」の項目を外してしまうと、履歴書みたいな**人間味のないペルソナ**になってしまいます。

そこで、文章を書くのが苦手な人におすすめなのが、「ビジュアルでストーリーを伝える」手法です。

ビジュアルで伝えるストーリー

服装や部屋のインテリアには好みが出るものですが、その人の個性をもっとも感じるのはかばんとその中身でしょう。人目に触れるかばんのなかに、ふだん見せない意外なアイテムが入っていたりするものです。

そんなかばんをペルソナづくりに使わない手はありません。サンプル画像を見ているだけで、ユーザーへのイメージがくっきりしてきませんか？

「メガネはどんなときにかけるのかな？」
「リンゴを丸ごと、かばんに入れてるの⁉」

……こんな感じで、その人をよりリアルに感じる物語が頭に浮かんでくるはずです。

これがビジュアルで語るストーリーの力です。しかもこの手法は、**デザイナーでなくても簡単にできるところがポイント**です。ユーザーの生活を思い浮かべながら、使っていそうなアイテムを切り貼りするだけなので、誰でも簡単にできます。ペルソナづくりに欠かせない「ユーザー起点で考える」ことを自然にできるんです。

本棚やスマホでよく使うアプリなど、かばん以外にも、その人らしさを表現するアイテムはたくさんあります。企画に合わせて最適なアイテムを選んで、みんなでアイデア出しをしてみてください。言葉だけでなく、ビジュアルを使うとペルソナの議論が盛り上がりますよ！

失敗しないペルソナ設定の極意

- ペルソナは、自分たちのサービスや製品の方向性を議論するために作るものなので、**みんなが知っている言葉を使う**
- ガチガチに固めず、ペルソナに**余白**を残しておく
- ペルソナにつけるキャッチフレーズで**NGなのは、「3N（New、Neo、Next）」**
- **「ストーリー」をビジュアルで伝える**ことで、ペルソナに命を吹き込む

聞く人を飽きさせないプレゼン資料のコツ

どんな職業にも通じることですが、プレゼンスキルは、デザイナーにとっても必要な能力のひとつです。では、人前で話すのが苦手な人が上手なプレゼンをするためには、どうすればいいでしょうか。

さっそく答えを言うと、**「資料の力」を借りればいい**んです。見やすくてわかりやすい資料は、聞き手だけでなくプレゼンターの助けにもなります。そこで、プレゼンを一気に上達させる、とっておきのプレゼン資料の作り方をお伝えします。

プレゼンで一番緊張するのはどんな場面でしょう。相手が偉い人のとき？　それとも聞き手の人数が多いときでしょうか？　ぼくが一番緊張するのは、**聞き手が自分の話に興味がない素振りを見せたとき**です。

スクリーンを見ずに自分のノートPCを見ている人や、あくびをする人が視界に入ると、変な汗が出てきます。そうすると焦って早口になったり、注目を集めようとしてウケを狙ってはハズしたりと、悪循環になりがちです。

プレゼンは最初の2分で勝負が決まります。1分間ならどんな内容でも我慢してもらえますが、2分を過ぎても興味をかき立てられないプレゼンは最後まで聞いてもらえません。ぼくの経験則だと、3分は絶対に待ってくれない。だから、最初の2分がとても大切なんです。

POINT ❶ 導入は「問い」と「答え」の連続で引きつける

では、どうすれば聞き手に興味をもってもらえるのでしょう。いろいろなアプローチがありますが、**問いと答えの連打で聞き手の興味を引く**方法は、とても有効です。試しに、ここまでの内容をプレゼン資料風にまとめてみます。次のページを見てください。

「この3枚のスライドは1枚にまとめられるのでは？」と思った方もいるかもしれません。でも、それはプレゼンの終盤、まとめページに適した見せ方です。

プレゼンの導入なら、テンポよく画面を切り替え、聞き手の注意を引きつけるほうがいい。同じ画面で長々と話されると、それだけで聞き手の集中力がそがれてしまうからです。

質問形式にすると、聞き手が自分にひきつけて考えて、

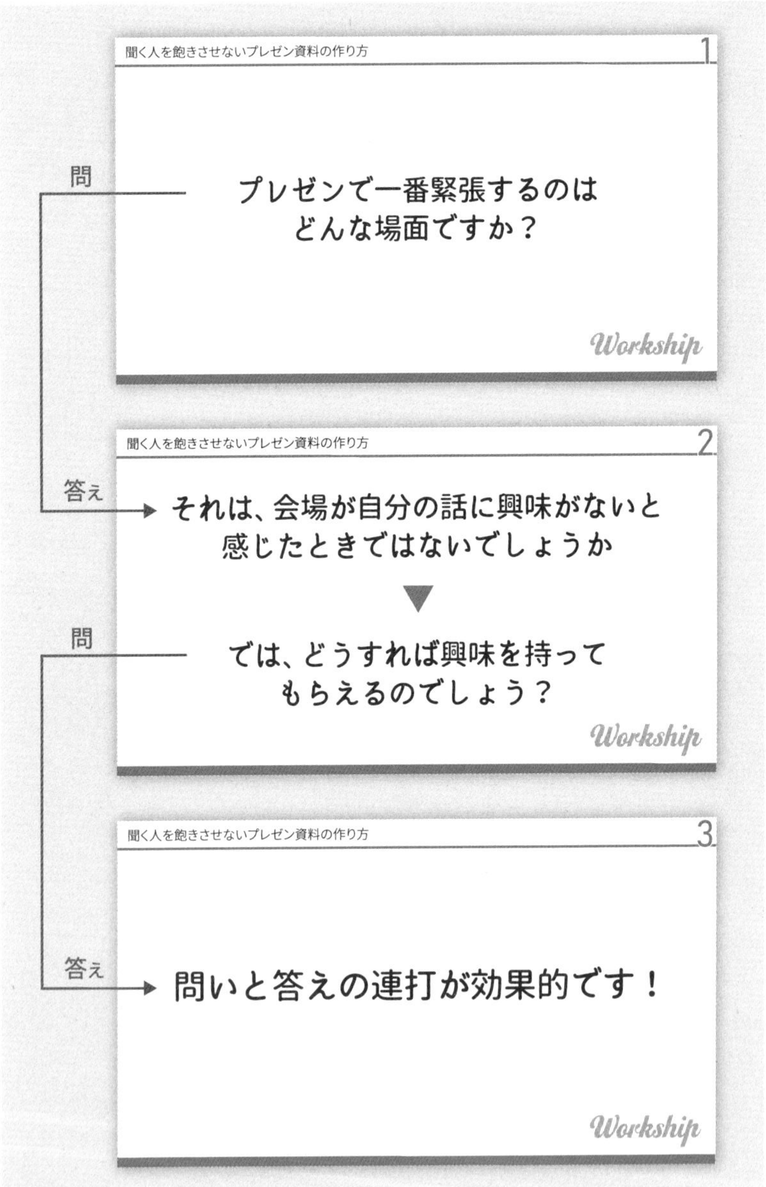

聞く人を飽きさせないプレゼン資料の作り方
1

問

プレゼンで一番緊張するのは
どんな場面ですか？

Workship

聞く人を飽きさせないプレゼン資料の作り方
2

答え

それは、会場が自分の話に興味がないと
感じたときではないでしょうか

▼

問

では、どうすれば興味を持って
もらえるのでしょう？

Workship

聞く人を飽きさせないプレゼン資料の作り方
3

答え

問いと答えの連打が効果的です！

Workship

プレゼンに興味をもってくれるメリットがあるんですよね。そして、**問いの答えと次の問題を併記する**こともポイントです。これによって、聞き手のモチベーションが持続してプレゼンを聞く気持ちになってくれるのです。

質問形式のメリットはもうひとつあります。プレゼンの導入は誰でも緊張するもの。頭が真っ白になって言葉が出てこない、ということもよくあります。だから、**導入部分は話すことすべてをスライドに書いておけばいい**んです。これなら、緊張してセリフを忘れても大丈夫。画面を見て、そのままを読めばいい。このように、聞き手に優しいスライドは、プレゼンターにとっても優しいのです。

POINT ❷ 「あなた」と「みなさん」を使い分ける

テレビとラジオでは、視聴者への呼びかけ方が違うのをご存じですか？　テレビでは、「みなさん、こんにちは！」と言いますよね。でも、ラジオでは、「この番組をお聞きの、あなただけにお教えします」というように「あなた」を使うのが慣例だそうです。

ラジオは車のなかや自分の部屋など、ひとりでいるときに聞くことが多いですよね。一方テレビは家族と一緒に複数人で見ることが多い。だから、テレビでは「みなさん」、ラジオでは「あなた」を使うらしいです。

また、テレビでは視聴者が数m先にいるかのように遠くまで聞こえる声量で話し、ラジオでは目の前にいる誰かに語りかけるように話すのがコツだという話を聞いたことがあります。この**「みなさん」と「あなた」の使い分け、プレゼンにも応用できる**んです。

Q プレゼン中盤、会場の集中力が下がってきたら、あなたならどうしますか？

プレゼンで聞き手に語りかけるとき、ほとんどの場合「みなさん」を使うでしょう。「みなさんこんにちは。本日発表するのは……」という感じです。「あなたにこんにちは」とは絶対言わないですよね。テレビと同様、プレゼンも「みなさん」を使うのが一般的です。

だからこそ、**聞き手の集中力が下がってきたと感じたら、「あなた」を使うと効果的**です。たとえば、50人ほどの参加者がいるセミナー会場を想像してください。

一番後ろの人までは、15mほど離れています。その人がスクリーンを見ず下を向いている。もしかしたらスマートフォンを見ているのかもしれません。明らかにプレゼンに集中していないサインです。そんなときに、会場の集中力を高める魔法の言葉があるんです。

あなたならどうしますか？

と、主語に「あなた」を使って会場に語りかけるので

す。そして、数秒の間を置いてください。スクリーンを見ていなかった人も必ずこちらを見てくれます。プレゼンやセミナーでは聞きなれない、「あなた」という呼びかけのあとの数秒間の沈黙。自分が質問されたと聞き手が勘違いするんです。とくに上の空でプレゼンを聞いている人には効果抜群です。

POINT ❸ 全体から細部の順番で説明する

デザインに関するプレゼンの構成にはコツがいります。なぜなら、説明する要素がいくつもあるからです。デザインは、色やフォント、レイアウト、コンセプトなど、さまざまな要素から成り立っているので、説明の順序を整理しないと、伝わりにくいプレゼンになってしまうんですね。

青を基調としたデザインを提案します。フォントはゴシックで柔らかさを表しつつ、白色を差し色に……

このように、色の話をしていたのにフォントの話になり、また色の話に戻ったりして、複数の要素の説明を行ったり来たりしてしまうと、聞いているクライアントからすると、全体像をつかみにくいですよね。

ぼくはいつも、いくつもある要素をわかりやすく説明するために、**説明の順番を意識する**ように心がけています。いきなり細かい説明から入るのではなく、まずは**全体の説**

明をしてから細部の説明へ移っていく、大から小へという順番にするのがポイントです。全体の方向性であるコンセプトの説明から入り、それから細部にあたる「配色」「レイアウト」「文字」などの要素ごとに解説をしていけば、グッと伝わりやすくなると思いませんか？

POINT❹ やっぱり最後は勇気が大事

ヒーローアニメの主題歌みたいな小見出しですが、**プレゼンには勇気が必要**です。先ほどの「あなた」を使った語りかけ。実際にやろうとすると、思いのほか難しいはずです。

大人数に対して、自然なトーンで「あなた」を使うには練習が必要です。声を張って「あなた」と言っても、会場の外の誰かに向けたように感じてしまい、効果がありません。「あなた」のあとの間を置かずに次のスライドに進んでしまってもダメです。

目の前にいる誰かに語りかけるような口調で、一瞬の沈黙を入れて会場の注意を自分に引きつける。はじめからうまくいく人はいません。でも、失敗を恐れずに、何度も使っていけば必ず上手になります。

プレゼンの主役は、あくまで中身（プレゼン資料）ですが、伝え方ひとつで相手への響き方が変わります。苦労して完成させたプレゼン資料、ほんの少しの勇気を出すことで、聞き手のモチベーションを上げられるとしたら、やらない理由はないですよね。仮にうまくいかなかったとしても大丈夫です。聞いてもらうために工夫をこらしているプレゼンターの姿勢は、必ず聞き手に伝わります。

ぼくは、そう信じてプレゼンしています。プレゼンが終わったときに、ぼくを見ながら拍手してくれる人がいれば、それだけでプレゼンしてよかったなと思えるのです。

聞く人を飽きさせないプレゼン資料の極意

- プレゼンは**最初の2分**で勝負が決まる
- 導入は、テンポよく画面を切り替え、「**問い**」**と**「**答え**」**を連続**させる
- 話すことは**すべてスライドに書いておく**と、緊張しても読むだけでOK
- 聞き手の集中力が下がってきたら、「**あなた**」を使って会場に語りかけ、**数秒間待つ**
- **全体の方向性から細部の解説へ**という説明の順番を意識する

※これらの極意を身につけるには、失敗を恐れない**勇気**が必要！

業種で意味が変わる「テーマ」と「コンセプト」

デザインの仕事をしていると、よく異業種の人と関わることがあると思います。違う畑の人たちとのコラボレーションは、既成概念を壊し、新しいアイデアを生める最高のチャンスです。異業種と関わるからこそ、得られる刺激があるでしょう。

でも、刺激にはいい面と悪い面があります。コミュニケーションを間違えたコラボは悪い結果しか生みません。いい結果を生むには、異業種への理解や、業界特有の言葉の正しい解釈が不可欠なのです。

これから話すのは、以前ぼくが起こしたトラブルです。一体どこに問題があったのか、一緒に考えてみてください。

当時、ぼくはプロダクトデザインをしていて、「あるファッションブランドで発売する置き時計をデザインしてほしい」という依頼を受けました。クライアントの会社さんには、新人デザイナーがアクセサリー（服飾以外の小物すべて）を担当する風習があるそうで、打ち合わせに出てきたのは、学生らしさが残る若々しいデザイナーさんでした。簡単な挨拶のあと、ぼくはこう質問をしました。

今回のコンセプトを教えていただけますか？

　もちろん事前に勉強はしましたが、Webで知るには限界があるし、クライアントから直接聞く情報のほうがより重要なのは言わずもがなです。すると、そのファッションデザイナーさんは、1枚のビジュアルをテーブルの上に出して言いました。

このテーマに沿ってデザインをお願いします。

これでは、ビジュアルもキーワードも、かなり抽象的です。

抽象的なイメージではなく、具体的なコンセプトを教えていただきたいのですが……。

チーフからは、このテーマに沿ってアクセサリーを展開しろ、と言われていますので。

このあと数分間、押し問答みたいな会話が続いたあと、ついにクライアントのデザイナーさんは怒ってしまいました。

テーマが大事なんです！　このテーマでデザインしてもらえればいいんです！

さて、このときぼくは、一体どうすればよかったのでしょうか？

POINT ❶ テーマは「出発点」、コンセプトは「手段」

じつはこの話、「テーマ」と「コンセプト」の違いがわからないと、何が問題なのかわからないんです。

一般的に、デザインにおける「テーマ」とは**主題**です。**デザインを考える出発点**ともいえます。たとえばデザインコンペのテーマが「暮らしを豊かにする置き時計」ならば、置き時計以外の応募は認められません。

一方、デザインにおける「コンセプト」は、**そのテーマを具体化する手段**です。「マグカップのふたになる置き時計」や「壁にも付けられる置き時計」……というように、**デザインの方向性を決定するもの**がコンセプト。ひとつのテーマに対してコンセプトはいくつでも考えられます。

でも、驚くべきことに**ファッションの世界では真逆だった**んです。「コンセプト」は、ブランドコンセプトのことを指し、基本的にはひとつしかありません。たとえば、かの有名なルイ・ヴィトンのコンセプトは「旅」。創業以来変わらない、ブランドの核として存在する言葉です。かばんからアパレル、アクセサリーにいたるまで、すべてのアイテムにその思想が反映されています。そして「テーマ」は、「ゲーム・オン」や「タイムクラッシュ」などといった具合に、毎シーズン変わるんです。つまり、ひとつのコンセプトに対して、その時代を反映したテーマに移り変わっていくのです。

同じ言葉をまったく違う意味で使っているふたりが、ただ会話するだけでは永遠にわかり合えないですよね。異業種のデザイナーとの仕事は、相手の業界への理解が重要だと痛感したできごとでした。

POINT ❷ 抽象的なテーマを具体的に翻訳していく

ぼくもファッション業界の「テーマ」の定義を知らずに「抽象的な言葉」と軽んじた自分の発言を反省しました。ファッション業界では、衣服や靴、アクセサリーなど、複数のアイテムに共通するテーマには**あえて抽象的な言葉を使う**そうです。言葉の解像度が高すぎると、デザインを発想する余白をなくしてしまうんですね。

さて、テーマは理解できたので、それをプロダクトデザインに落とし込んでいくために質問をしてみました。

ちなみに、他のアイテムではテーマである“柔らかい光”をどう解釈しているんですか？

シャギーなフェイクファーやニットで表現しているアイテムが多いですね。

シャギー？　フェイクファー？　聞き慣れない言葉に頭のなかは大混乱。生地サンプルを見せてもらい、ようやく理解できました。シャギーとは、英語で「毛むくじゃら」という意味で、毛足の長い素材のことなんです。モコモコとした質感がかわいらしく、光があたると柔らかい光沢感がある。テーマにぴったりの素材でした。

でも、この素材をそのまま使うのは難しい。置き時計の一部にシャギーな素材を貼る方法もありますが、着物に英語の文字がプリントされたような唐突感があります。**テーマをアイテムに合うように翻訳できなければ、いいデザインとは言えません**。

固い工業製品で「柔らかい光」を表現する。難しいテーマでしたが、最終デザインは自分でも納得のいくものができました。

完成した置き時計のプロダクトデザイン

クライアントのブランドコンセプトは「遊び心のあるフレンチシック」だったので、形状は極力シンプルに、素材

感でテーマを表現しました。外装に使った起毛塗装は、樹脂素材の表面をスエード調にする、プロダクトデザインでは一般的な技術です。でも、ファッションデザイナーの目には珍しく映ったようでした。布の専門家にとっては、樹脂を布風に見せるフェイク処理は新鮮に感じてもらえるものだったんですね。

POINT ❸ 新しいアイデアは組み合わせで生まれる

アメリカの実業家、ジェームス・W・ヤング氏はこんな言葉を残しています。「アイデアとは既存の要素の新しい組み合わせ以外の何物でもない」。ひらたく言えば「**自分が知っていることを、やったことのない方法でつなげる**」**こと**です。このときの仕事でいえば、初めて聞いたシャギーという言葉と起毛塗装の知識を、置き時計の外装で使うことは、「やったことのない方法」でした。

同じ業界でずっとデザインしていると、経験値とともにデザインが洗練されていきます。ただ、気をつけないと**自分の得意パターンに頼るようになってしまう**んですよね。たとえば、「高級感を出したいときは青色と金色を組み合わせる」みたいなヤツです。自分でも知らないうちに、既成概念という枠を作ってしまうことってあるんです。そして、その枠は居心地がいいから厄介です。外に出るのがおっくうになってしまう。

その枠を強制的に壊してくれるのが、異業種デザイナーとのコラボです。デザイナーは主張が強い人が多いので、衝突することもあります。言葉を丁寧に重ねていかないと理解しあえない。正直めんどうなこともあります。でも、その先にひとりでは考えつかないワクワクするデザインが待っているとしたら……。伝えるための言葉を磨いて、外へ飛び出してみたくはなりませんか？

業種で意味が変わる「テーマ」と「コンセプト」の極意

- デザインにおける「**テーマ**」**は主題**、「**コンセプト**」**はそのテーマを具体化する手段**
- **自分が知っていることを、やったことのない方法でつなげる**ことが、アイデアの源泉である

「ターゲットはオレです！」と豪語していた黒歴史

いまでこそ、言語化の重要性を理解して、仕事に生かしているぼくですが、駆け出しの頃はそれはもう酷いものでした。「デザイナーに言葉はいらない、絵で語るべし」とまで思っていたくらいです。

ぼくのキャリアは、アクセサリーのプロダクトデザインから始まりました。企画開発、製造、販売までを担うメーカーのインハウスデザイナーです。誰でもそうだと思いますが、駆け出しの頃は不安とともに根拠のない自信をもっているもの。ぼくも「自分のデザインが一番だ！誰にも負けない！」と鼻息荒く入社式を迎えたことを覚えています。

●

幸運にも、入社して初めて描いたデザインの商品化が決まり、ぼくの鼻息はさらに荒くなりました。誰よりも早く出社して、一枚でも多くスケッチを描きました。自分のデザインが採用される頻度もぐんぐん上がり、入社3年目の頃には調子に乗っていたというか、てんぐになっていたんですね。

あるとき、20代男性向けの商品企画がありました。男性向けの企画は珍しいので、いつも以上に気合を入れてスケッチを描きました。チームメンバー数人がアイデアスケッチを持ち寄り、一人ひとりチームリーダーにデザインの説明をしていきます。ぼくは順番の最後で、渾身のスケッチをテーブルにバンッと置いて言ったのです。

「この商品のターゲットユーザーはオレです！」

思い出すだけで変な汗が出るセリフです。「ターゲットユーザーに年齢が近い、オレがいいと思うデザインが一番です！」みたいなことも言った記憶があります。若さって怖いですね……。チームリーダーは、ふむと頷いて、企画部門には自分から説明しておくからとみんなのスケッチを預かりました。後日、ぼくのデザインが採用されたと聞き、てんぐの鼻がさらに高くなったことは言うまでもありません。

●

アイテムにもよりますが、アクセサリーは商品化まで約半年かかります。スケッチ検討から数ヵ月たったある日のこと。最終商品サンプルを確認しているときに、デザイン決定の裏話をチームリーダーがこっそり教えてくれたんです。

「企画部門とのスケッチ検討、企画部長はオマエのではない他のデザインを推していたんだ。オレはオマエがこの企画に賭けていたのを知ってるからさ。このデザインがターゲットユーザーの共感を生むすばらしいものなんだと力説して、最終的にオマエのデザインに決まったわけ。どんなにいい絵を描いても、それだけじゃデザインは決まらないんだよ」

●

かりそめに伸びた鼻が、ポキッと折れた音がしました。本当に恥ずかしくて、顔は真っ赤な状態です。きっとチームリーダーは、ぼくがてんぐになっていることを感じて、このままではマズいと思っていたのでしょう。だから、一番効果的なやり方でぼくにおきゅうをすえたのです。

●

デザイナーが一番落ち込むのは、自分のデザインが採用されないことではありません。消費者に、よりよいデザインを届けられなかったときが一番悔しいんです。

上司に言い返せなくて不本意なデザイン修正をしてしまった、営業の意見に反対できず妥協案でデザインを決定してしまった。そんなとき、悔しいというよりも自分のふがいなさに腹が立って仕方なくなります。

●

もしかして、企画部長が推していたデザインが商品化されたほうが、ユーザーにとってよかったのかもしれない……。そう思うと、夜も眠れない気持ちでした。「いい絵を描くだけではデザイナーとして成長できない」。そう痛感した、ぼくの転機となったエピソードです。

STEP
2

デザインの意図を伝える

いくら自分のデザインにこだわりがあっても、相手に伝わらなければどこかで大きな壁にぶち当たってしまうでしょう。デザイナーの仕事は、デザインだけでなく「なぜこのデザインがいいのか」を相手に伝えることもセットなのです。本章では、さまざまなケースから、デザインを言葉で伝えるコツを考えます。

「どうしてこのレイアウトにしたのか?」と聞かれたら

「どうして、ママが作ったお味噌汁はおいしいの？」
「愛情がいっぱい入っているからよ」

昔のホームドラマやCMに出てきそうなセリフですね。もちろん、家族のために愛情込めて作るお味噌汁はおいしい。でも、そのおいしさの秘密はダシと味噌のバランスなんです。家族の好みに合わせて、毎日作るお味噌汁。ダシと味噌のおいしいバランスはお母さんが積み重ねてきた経験から生まれているんですね。

では、クライアントから「どうしてこのバランスでレイアウトしたのですか？」と質問された場合はどうでしょう。「愛情込めてきれいなレイアウトにしました！」と答えても、けげんな顔をされるだけですよね。

ここからは、レイアウトの言語化についてお話しします。
あるクライアントにプロモーション用のポスターを提案したときのことです。素材がよかったのでデザインはシンプルに、基本に忠実なレイアウトで提案しました。

提案したポスターデザイン（サンプル）

Sweets Lab.GIGは、「テクノロジーとクリエイティブでセカイを美味しいで埋めつくす」をミッションに極上のスイーツづくりを進めています。

ワークショップでは、ポップコーンからカニまで、スイーツとなじみがない食材を使い、新たな味の探求、開発を通じ美味しさ支援を行っています。また、約4万人のパティシエとオンラインでコミュニケーションできる「Sweetship」サービスを展開しています。

すると、クライアントからこんな質問が。

文字はどうして、この位置なのですか？

こう質問されて、ぼくはきょとんとしてしまいました。デザイナーにとってはとても基本的なことを聞かれてびっくりしたからです。トイレが終わったあと、「なぜ手を洗うのですか？」と聞かれた感じに似ています。一瞬の間を置いて、ぼくはこう答えました。

三分割法でレイアウトしているからです。

POINT ❶ レイアウトの原則をわかる言葉で説明する

三分割法とは、画面を9等分し、その線上や線同士の交点を基準に配置すると、バランスが取れたレイアウトになるという平面構成の基本です。**レイアウトする上でもっとも大事なセオリー**とも言えます。デザイナーが何気なくレイアウトした構図も、無意識に三分割法を使っていることがあります。デザイン経験の浅い人が、レイアウトの理由を聞かれ「**これが一番きれいだと思ったからです！**」と答える場面を何度か見たことがありますが、その説明ではクライアントは納得してくれませんよね。デザインの基本的なことこそ、しっかりと言語化しておく必要があります。

文字配置の理由をぼくに質問したクライアントは、「三分割法」という言葉を聞き安心していました。クライアントもデザインに文句を言いたかったわけではありません。「キャッチコピー周辺の余白が多いな、なんでだろう？」と疑問に思っただけなのです。

その疑問に、デザイナー本人しかわからない感覚的な言葉で答えるのはよくありません。**相手が理解しやすい言葉で説明するのはプレゼンの鉄則**。クライアントのOKをもらいやすくなる上に、デザイナーへの信頼感も増します。

三分割法

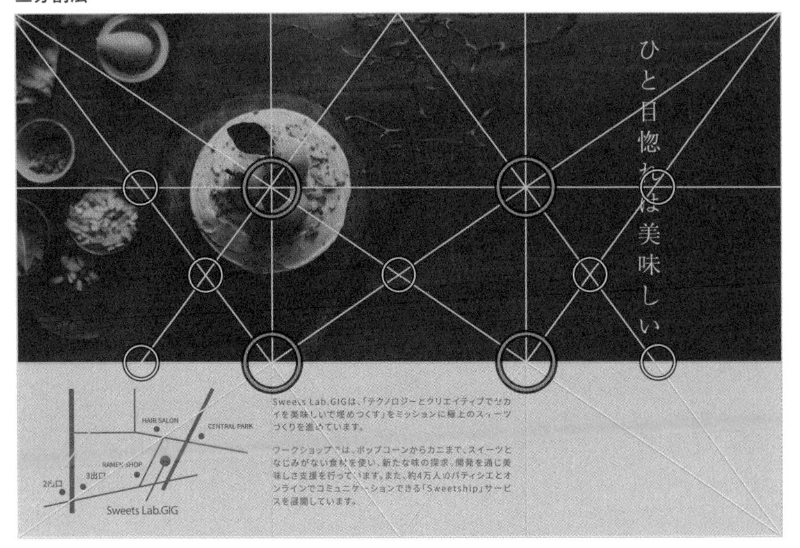

POINT ❷ あえてセオリーを崩すのも手

ただし、セオリーどおりにデザインしても、いつもうまくいくとは限りません。毎回同じ構図でデザインしていては、クライアントに既視感を与えますし、自分の表現力も上がっていきません。三分割法は、バランスがよく落ち着いた印象を与えますが、逆に動きのある画面にするには工夫がいる構図です。

オーソドックスな手法に、注視点（前述の図の丸部分）を使って画面に強弱をつけるやり方があります。もっとも視線が集まるオレンジ色の丸部分に大きいものを、黄色の丸部分に小さいものを配置すると、画面に奥行と動きが出せます。セオリーに沿ったアレンジなので、失敗が少ないやり方ですが、大胆な構図にはなりづらい。

では、もっと大胆な構図にするには、どうしたらいいのでしょう？　その答えのひとつが、**セオリーを崩すこと**です。いわゆる「型破り」ですね。

下記のデザインはモチーフこそ最初のデザインと同じですが、随分印象が違いますよね。もちろん、地図を削除して文字数を減らすなど、よりミニマルなデザインにする工夫がしてあります。でも、最初のデザインともっとも違う点は、**三分割法のセオリーを崩している**点です。

メインモチーフであるスイーツの中心は、右上の注視点とズレています。左下のテキストもボックスの枠に収まっていません。このちょっとした崩しが、画面に動きを与えているんです。

三分割法のセオリーを崩した「型破り」なデザイン

セオリーを崩しすぎると、バランスが悪いデザインになってしまう。程よい崩し方は、数式で求めることはできません。デザイナーの積み重ねた経験による**「センス」から生み出されるもの**です。

では、センスとはいったい、何なのでしょう？

POINT ❸ センスとは「平均値」を知ること

「服装のセンスを磨きましょう」と言われたら、まず何をしますか？　多くの人が、センスがいいといわれている服を見まくるのではないでしょうか。雑誌やセレクトショップで流行の服の情報を集めて、センスがいいといわれているサンプルを収集することに必死になるはずです。でも、それだけじゃダメなんです。

センスを磨くには、いいものも悪いものも含めて、さまざまなサンプルを知ることが必要だとぼくは思っています。「センスがいい」と言われるものは、**多くの人が共感するもの**。つまり、その分野の平均値なんです。ファッションショーでしか見ない、奇抜で尖ったデザインの服を着て街を歩く人がいたら、「すごい！」とは思っても、「センスがいい」とは思わないですよね。

デザインのレイアウトも同じです。誰も見たことがない尖ったレイアウトは、アート性はあっても一般の人に共感してもらいにくい。いくら斬新だからといっても、ぐちゃぐちゃしたバランスの悪いレイアウトでは、当然ですが嫌われます。**多くの人が美しいと感じる「レイアウトの平均**

値」が、三分割法に代表されるレイアウトのセオリーなのです。

デザイナー同士で話をするとき、**「どこまでデザインを飛ばそうか？」**という会話をすることがあります。これも、その分野の平均値を知っていて、セオリーを共有できているから成り立つ会話なんです。車を飛ばすにしても、一般道と高速道路では平均速度が違いますよね。一般道を100kmで走っては危ないし、高速道路を40kmで走ったら迷惑です。

クライアントから「飛ばしたデザインにしてください」と言われ、提案してみたら「もっとコンサバにお願いします」と返される場面はよくあります。これも、お互いが考える平均値の差から生まれるコミュニケーションギャップなんです。

POINT ❹ セオリーとの距離感を意識してみよう

先人が作った、その分野のセオリーに沿ってデザインすることは、「型」を覚える上で意味があります。でも、さらにその上を目指すならば、型を崩すことに挑戦しなくてはなりません。そのためのトレーニングとして、世のなかにあふれるさまざまなデザインが、型どおりなのか、型破りなのかをふだんから意識して見ることをおすすめします。

デザインコンペで優勝するような優秀な作品は、みんながぎりぎり許容できる**絶妙な距離でセオリーを外しているもの**です。逆に、もしあなたのデザインがダメ出しされてしまったのなら、少しセオリーから外しすぎていたのかもしれません。

レイアウトのセオリーには、三分割法以外にも「日の丸構図」や「三角構図」といったさまざまなものがあります。いいデザインはどれくらいセオリーを崩しているのか？　もしくはセオリーどおりのデザインなのに感動するのはなぜか？　セオリーとの距離感を意識してデザインを見る訓練をすると、センスが磨かれていくのではないかと思います。

レイアウトの言語化の極意

- **相手が理解しやすい言葉**で説明する
- **あえてセオリーを崩す**のも手だが、崩しすぎに注意
- 「センスがいい」といわれるものは、**多くの人が共感するもの**（＝**平均値**）
- 世のなかのデザインが、セオリーどおりなのか、型破りなのか意識して見る訓練をしてみる

デザインの意図を伝える 2

主観的な意見に説得力をもたせる

いきなりですが、「エモい」を言語化できますか？　「言葉にできないからエモいって使うんでしょ？」と言われそうですが、クライアントから「エモい感じのグラフィックでお願いします」と依頼されることもあるかもしれません。

では、「エモい」のような「なんとも言い表せない感覚」を説明しなくてはいけないときはどうすればいいのでしょうか？　クライアントに「エモいデザインにしてきました～」とは言いづらいですよね。なぜなら、「エモい」という感情は主観的なものだからです。もっと具体的に説明してください、と言われたら困ってしまうでしょう。

ここからは、デザインのプレゼンで重要な**主観と客観のバランス**についてお話しします。

Q 『90'sベスト100』という音源の告知ビジュアルのデザインをプレゼンしている場面を想像してみてください。あなたなら、どんなふうに伝えますか？

POINT ❶ 主観に偏った言葉は共感を生みづらい

お互い目をそらしながら照れ合って、片耳ずつイヤホンで曲を聴いてるのって……エモくないですか？

うーん、これだと自分の好みを告白しているみたいで赤面しちゃいますね。でも、説明の仕方を変えれば印象はガラッと変わります。

いまはワイヤレスが主流なので、有線のイヤホンをふたりで分け合うシーンは少ないでしょう。でも、今回のターゲットである30代、40代にとって、ノスタルジーと共感を生むビジュアルになると思います。

どうでしょう。同じビジュアルの説明でも受ける印象がまったく違いませんか？

前者は、デザイナーの主観だけで語っていて共感を生みづらい説明です。後者は時代の流れを客観的に捉え、主観を交えて語っているので説得力があるんです。

POINT ❷ 客観的すぎると冷たく感じる

クライアントへのプレゼンで気をつけなければならない

のは、**デザインの説明を客観的にしすぎない**ことです。

たとえば、Webサイトのリニューアルデザインでは、いまあるサイトの「PV（閲覧数）」や「クリック数」などのデータをもとに、ボタンの変更やナビゲーションの構成を考えていくので、デザインの説明も、それに伴って数字が入った客観的なものになることが多いです。そしてそれは、クライアントの要望とも合っています。

しかし、新規事業立ち上げのWebサイトで同様の説明をしたらどうでしょう。色、配置、導線に至るまで、そのデザイナーの経験から導き出された数値をもとにロジカルにデザインが語られる。新しいビジネスを始めようと情熱を燃やしているクライアントにとっては、少し熱量が足りないように思うかもしれません。客観的すぎる説明は、ときに**評論家のような冷たい印象を与え、マイナスになることがある**んです。

POINT ❸ 客観と主観をうまく混ぜ合わせる

たとえば、仮想のEC店舗を例に考えてみましょう。

> オーダーメイドのクロワッサン専門店のWebデザインをお願いします。小麦粉の種類、トッピングや焼き加減まで、自分好みのクロワッサンをネットで簡単に注文可能。前日12時までに注文すれば、翌朝焼き立ての商品が自宅に届くのが売りのサービスです。

このような依頼に対して、次のAB2つのデザインを提案するとしたら、どうプレゼンするのがよいでしょうか。

❶Webアンケートの結果、「Aのほうがおいしそう」と回答した人は100人中90人でした。自信をもってA案をおすすめします。

❷社内のデザイナー全員が「Bのほうがお店の特徴が伝わる」と同じ意見になりました。自信をもってB案をおすすめします。

たぶん、❶❷どちらもクライアントの反応はよくないと思います。

❶は**客観的視点が100%**で、デザイナーの意見がありません。9割の高評価を得たビジュアルは、たしかにすばらしい。でも、アンケートで答えたとおりにお客様が動いてくれるとは限らないのです。アンケートに関する教訓めいたこんな小話があります。

ある食器メーカーが定番商品の新色に関するアンケートを行った。ターゲットである主婦層を集め「オーソドックスな白いお皿とモダンな黒いお皿、あなたならどちらを買いますか?」と聞いた。すると、参加者全員が「斬新な黒を買います」と答えた。アンケート後、謝礼としてお好きな色のお皿を1枚もって帰っていいですよ、と伝えると全員が白いお皿をもって帰った。

つまり、アンケートはあくまで参考データです。そこから何を読み取り、どう戦略を立てたのか、クライアントは**依頼したデザイナーの意見を聞きたい**んです。とくに新規事業や新しい店舗を始めようとしている経営者は、不安がいっぱいです。デザインに関することは、デザイナーに背中を押してほしいもの。それなのに、数値だけでデザインを語られては、心に響かないのも当然ですよね。

❷がよくない理由は、**主観に偏っているから**です。デザインを決める上で、**絶対にしてはいけないことが多数決**だとぼくは思っています。この説明では、クライアントも

反論しづらいし、相手にゴリ押し感を与えてしまいます。もし、クライアントがOKを出しても腹落ちしていないでしょう。

大事なのは説得力、そして納得感です。この人に頼んでよかったと、思ってもらわなければ次の仕事はもらえませんよね。客観100%でも、主観100%でもいけません。**主観と客観をうまく混ぜ合わせることがポイント**なんです。

POINT ❹ デザイナー自身の言葉が心を動かす

では、先ほどのメインビジュアルは、どのように説明するとよいのでしょう？　もちろん正解はないですが、主観と客観を混ぜたひとつの例がこの説明です。

B案を推します。お店のコンセプトがより伝わるのはB案だと、デザイナー全員の意見が一致しました。とても珍しいことなので、ぼくも驚きました。でもそれは、お店のコンセプトが多くの人の共感を生む、魅力あるコンセプトだからだと思います。あえてシズル感（おいしそうな感じ）のある写真を使わずに、素材をアピールする。新しいクロワッサンの価値を届けたいという、お店のメッセージが伝わるのはB案だと思います。

最初に結論を言い、次に事実を述べその理由を説明し、

最後にB案を推す理由を伝える。プレゼンは、客観だけでも、主観だけでもいけません。そして、気持ちが込もっていない客観も、根拠のない主観も共感されません。**客観的根拠とともに語られる、デザイナー自身の言葉だけが相手の心を動かせる**のです。

ぼくは最終案を**複数提案するときに、捨て案を出さないようにしています**。どのアイデアが選ばれてもいい、最高の選択肢を提案するのがデザイナーの役目。最後の選択をするのはクライアントの役目だと思っているからです。

ただ、初めて仕事をするクライアントには、自分のおすすめを必ず伝えています。判断を相手に委ねるのは信頼関係ができてからです。

このデザイナーは、自分がいいと信じているデザインだけを提案してくれるんだな。

こう思ってもらえてからがスタートです。

初めて仕事をくれたクライアントは、期待と不安が入り交じった気持ちでデザイナーの提案を待っています。その期待を、数字で固めたロジカルな言葉でねじ伏せるのではなく、説得力ある言葉で相手に納得してもらいたい。それは、どんな仕事にも共通することではないかなあ、と感じています。

主観的な意見に説得力をもたせる極意

・主観的すぎると、共感を生みにくく説得力がない
・逆に、客観的すぎても、評論家のような冷たい印象を与えてしまうことがある

↓

・大事なのは**説得力**と**納得感**
・**主観と客観をうまく混ぜ合わせる**ことがポイント
・客観的根拠＋**デザイナー自身の言葉**が、相手の心を動かす

「色」の言語化に必要なことは1つだけ

デザインを言葉にすることは、論理的にデザインを語ることだと思われがちです。でも、**感性で語らなくてはいけない場面**もあります。

とくに、**好き嫌いで判断されやすい「色」は、感性で語る代表格**です。「渾身の力で提案した色が、クライアントの好みで変更になってしまった……」なんて経験、デザイナーなら一度はしたことがありませんか？　どのデザインジャンルでも共通して求められることのひとつが、この「色の説明」ですよね。

なぜこの色にしたのですか？

これはデザイナーであれば、よくされる質問かもしれません。「このデザインはここがよくないですね」と理由付きではっきり指摘できる人は少ないですが、「この色はちょっ

と……」という意見なら言える人は多い。なぜなら、**色は、デザイナーでなくても自分の判断軸をもちやすい**んです。

日々の生活のなかで、色の選択をする場面は多岐にわたります。服や家具に雑貨、コンビニで買うお菓子のパッケージまで、何色を買うか毎日迷っていると言ってもいい。その過程で自分の好きな色、嫌いな色、いまのトレンドカラーを肌で感じています。だからこそ、デザイナーはプロ目線でその色を使った理由を説明できなくてはいけません。

はじめにお伝えしたとおり、色を言葉で説明するのは自分の感性が入るため、難しいです。でも、しっかり言語化できるようになると、デザインに説得力が増し、結果的にクライアントからの信頼を得やすくなるはずです。

ではここから、具体的な例をもとに考えてみましょう。

Q あなたは、『北斎と印象派の巨匠たち』という展覧会のテーマカラーを決める会議で、高貴な色だと感じる紫色を使いたいと思いました。紫色を使う理由について、どのように説明すればよいでしょうか？

高級感を狙いたいので、皇族のみが着用できたという紫色にしたいと思います。

上記のような「皇族のみが着用できる」という説明だ

と、展示のメインである葛飾北斎と皇族が結びつかず、引用したエピソードがちぐはぐな気がしてしまいます。また、「高級感を狙いたい」だけでは説明不足も否めません。では、次の説明だと、どうでしょう。

今回は赤みが強いパープル（purple）よりも、青みが強いバイオレット（violet）がいいと思います。バイオレットは江戸紫と呼ばれる色に近い色です。江戸時代に活躍した北斎に影響を受けた印象派の画家たち、その展覧会のテーマカラーにぴったりな色です。

紫色の種類

purple
#A757A8（JIS慣用色名）

西洋では「紫」といえばパープルのこと。かつて紫色の染料となっていた「purpura（プルプラ）貝」はとても希少だった。purpleの語源といわれている。

violet
#714C99（JIS慣用色名）

もっとも波長の短い色がバイオレット。UVと略される紫外線の英語表記は、Ultraviolet rays。この“violet”は本来スミレを意味する単語であり、菫色（すみれいろ）と和訳するのが正確。

京紫
#772F6D（WEBカラー）

深く紅みの強い紫色。古くから伝わる紫根染という技法で染められた紫色が起源とされている。美しく染め上げるのが難しく非常に高価な色なので、位の高い人のみが着用できたという説がある。

江戸紫
#745399（WEBカラー）

東京の武蔵野に自生していた紫草で染められた青みが強い紫が「江戸紫」。京紫系に「古代紫」という彩度の低い赤紫があり、それと対比して江戸紫は、今紫（いまむらさき）とも呼ばれた。

POINT ❶ 色の説明には、エピソードが役立つ

「バイオレットは江戸紫と呼ばれる色に近い色です」という説明が加わっただけで、紫色に対する見方が深まり、説得力が増したと思います。

「色」の言語化で大事なことは、**色に関する知識を深める**ことです。「赤は情熱的、青は誠実」などの色のもつイメージはもちろん、色にまつわるエピソードの知識を深めることが、「色」の言語化には不可欠なんです。

この説明のポイントはふたつあります。ひとつは、❶バイオレットをテーマカラーに選んだ理由を知識に基づいた説得力ある言葉で伝えること。そして、❷専門知識をさりげなく伝えることです。

しかし、説明を次のように始めてはいけません。

パープルとバイオレットの違いをご存じですか？

声のトーンにもよりますが、これでは百害あって一利なしです。まず、相手が違いを知らなかった場合、バカにされたと感じ、気分を悪くする可能性があります。逆に、相手が知っていた場合は最悪です。「赤みと青みの差ですよね？」と返されたら説明のリズムがとぎれてしまう。

専門知識はさりげなく相手に伝えるほうがいいです。ドヤ顔で説明すると聞き手がしらけてしまうので、要注意。

POINT❷ 言語化できないときは先人の言葉を借りよう

デザインする対象をリサーチし、コンセプトを練り、具体化する。デザイナーは常に順序立ててデザインをしているわけではありません。テーマを聞いた瞬間に、アイデアがピーンとひらめくこともありますよね。でも一瞬でひらめいたアイデアを言語化するのは、難しい。

以前、ある食品のパッケージデザインを依頼されたときのこと。商品の特徴、ターゲットユーザーを聞いた瞬間、ぼくの頭のなかに紫色が思い浮かびました。「今回のデザインのメインカラーは紫色しかない！」と初回の打ち合わせで強く思ったことを鮮明に覚えています。

ただ、その食品では紫色がタブー視されていることも知っていました。理由は簡単。「紫色を使うと売り上げが伸びない」という過去データがあったからです。でも、どうしても紫色を使いたい。その商品のパッケージは神秘的なイメージのある紫色以外には考えられませんでした。

しかし、今回のデザインの肝である紫色の説明の仕方だけがどうしても思いつきません。デザインワークに入る前にデザインの方向性をクライアントと合意しておきたい。いっそのこと、「エモい雰囲気にしたいから紫色を使いたいです」と言ってしまおうか、とさえ思いました。

悩んだ結果、次のようなムードボードをクライアントに見せました。ムードボードとは、**アイデアやコンセプトを**

夏目漱石『虞美人草』の一節を引用したムードボード

恋を斬ると紫色の血が出るというのですか　　夏目漱石『虞美人草』より

Romantic Purple

まとめてコラージュしたものを指します。

ムードボードは通常、いくつもの写真やイラスト、カラーパレットをコラージュして作成します。「simple」「warm」などのキーワードを入れることはあっても、文章は使いません。デザインのムード（雰囲気）を共有するのが目的のため、**文章を使うとイメージが固まってしまい、発想が広がらなくなるから**です。

でも、このときはあえて文章を使いました。むしろ、文章が主役で、写真やカラーパレットはおまけと言ってもいいくらいです。引用した文章は、夏目漱石の小説『虞美人草』の一節。主人公のはかない未来を予感させる、不思議な魅力をもった言葉です。名文には、想像力をかき立て、読む人に幾重もの情景を見せる力がある。そして、**名文は自分で書かなくていい**んです。語り継がれる言葉を引用すればいい。

正直に言うと、これは賭けみたいなものでした。クライアントの反応が悪かったら、デザインの構想をやり直す覚悟で出したムードボードです。ところが、3人いた担当者全員が「この雰囲気、いいですね！」と共感してくれました。

想像していなかった方向だけど、アリかもしれません。

クライアントの想像を超えたデザインを提案し、喜んでもらう。デザイナー冥利につきる瞬間でした。

POINT ❸ どんなインプットも糧になる

デザインの言語化は、**自分の言葉で語ることが基本**です。でもそれは、プロジェクトを進めるための手段であって、目的じゃない。目的はただひとつ、自分がいいと信じるデザインを実現することですよね。誰かが書いた名文を引用することがベストなら、迷わず使うべきです。

色の言語化に必要なのはただひとつ、「**知識**」です。一見、デザインと関係ないジャンルの知識でも、いつか役に立つときが来る。小説、映画、マンガ、花言葉や星占い。デザイナーはどんなジャンルのものでも、貪欲な姿勢でインプットしておいて損はないでしょう。

「色」の言語化の極意

・色は好き嫌いで判断されやすく、**感性で語らなくてはならないもの**

・相手も、「この色はいい・悪い」などの判断軸をもっているケースが多いため、デザイナーは**プロ目線でその色を使った理由を説明できなくてはいけない**

↓

❶**色にまつわる知識を深める**

❷知識をもとにその色を選んだ理由を説得力ある言葉で伝える

❸困ったら、先人の言葉を借りるのもあり

デザインの意図を伝える 4

メタファーという武器を使いこなそう

メタファーという言葉を聞いたことがありますか？ **ある物事を別の表現で「たとえる」こと**です。小説のような言葉の表現はもちろん、デザインの世界でもさまざまなメタファーが使われています。

たとえば、スマートフォンやPCの「設定」アプリには、歯車アイコンが使われていることが多いですよね。これは、文字をアイコンに置き換えることで直感的なデザインとなり、ユーザーに一目で理解してもらうためです。

また、デザイン表現だけでなく、**自分の考えをわかりやすく伝えたいときにもメタファーは有効**です。

彼は努力家で勉強も怠らず、常に向上心をもち続ける我が社のエースデザイナーです。

彼は努力と才能にあふれた、我が社のイチローです。

最初の説明よりもふたつめの説明のほうが聞き手のイメージも膨らむし、興味をもってもらえそうですよね。

それから、幼稚園の遠足のお弁当。フタを開けてタコさんウィンナーが入っていたら、うれしいですよね。味はウィンナーなのにカタチが変わるだけでなぜだかおいしく感じてしまう。タコに見立てることで、見た目はもちろん気分まで楽しくなり、ウィンナーの魅力が何倍にもなります。これがメタファーの力です。

POINT ❶ 無言で伝わる最強の武器

無印良品の壁掛式CDプレーヤー

出典：無印良品

無印良品の壁掛式CDプレーヤーは、メタファーの力でデザインを魅力的にした好例です。本体からぶら下がったひもを引くと、CDが回り出し音楽が流れる。思わず引っ張りたくなるヒモも、本体に無数に開けられた穴も、「換気扇」をイメージしています。見ただけでデザインの狙いが伝わるすばらしいデザインです。

ネット配信全盛のいま、CDで音楽を聴く人はまれでしょう。高価なスピーカーと比べれば、音質もいいとはいえないかもしれません。でも、このデザインには「ほしい！」と思わせる力があります。発売されてから20年以上たっても売り続けられているのも納得です。**メタファーを上手に使えば、デザインの説明はいりません**。デザイン自身が無言で語ってくれる、最強の言語化と言えるでしょう。

POINT ❷ メタファーとの距離感に要注意

ここで気をつけなくてはいけないのは、**メタファーとの距離感**です。たとえる際の表現（ここでは「見立て」と呼ぶことにします）は、実際の対象との距離が近すぎても遠すぎても、効果を発揮しません。ウィンナーがリアルな豚のカタチをしていたら、ちょっと切ないですよね。また、超絶技巧で金閣寺のカタチに飾り切りされても食欲はわかないでしょう。

タコさんだからいいんです。切り込みを入れたウィンナーが、加熱することによって自然と足を開いていく。理にかなっていますよね。**理にかなったデザインは美しい**んです。

見立てが近すぎると、それは**メタファーではなくパロディーになってしまう**ので注意が必要です。たとえば、以前タイプライターを模したデザインのPCキーボードを見かけたときに、文字を打つ道具としての文脈が近すぎてパロディーに見えてしまいました。**パロディーは面白いけど、安易に考えたデザインに見えるときがあるので注意が必要**です。

POINT ❸ 発想の手助けをしてくれる

メタファーにはデザインの発想を助けてくれる力もあります。ある図書館のWebデザインを依頼されたとしましょう。クライアントからは以下のように言われました。

デザインはお任せします。

「お任せします」ほど怖い依頼はないですよね。「お任せしますとは言いましたが、好きなようにデザインしていいとは言っていません！」という未来の会話が聞こえてきそうです。それを避けるには、明確でわかりやすいデザインコンセプトが必要です。

先方の要望がない場合、自分でいちからデザインを構築しなくてはいけません。オーソドックスな手法としては、「図書館」からイメージできる言葉を列挙していき、デザインに落とし込めそうなキーワードを抽出していくやり方があります。

本、学ぶ、歴史、趣味、信頼、静か、落ち着く、憩い、コミュニティー……。

シンプルに本をモチーフにするアイデアもありますが、もうひと工夫ほしい気がしますね。でも、信頼、静か、落ち着くなどはグラフィックでは表現しづらい言葉です。そんなときこそ、メタファーの出番です。**抽出した言葉から図書館の世界観を「見立てる」何か**を探してみましょう。

ぼくは、こんなメタファーを思いつきました。

岩倉実相院　枯山水の庭

枯山水です。枯山水とは、水を使わず石や砂で川や山を表現した庭園様式のことです。寺院の庭園を囲む縁側や部屋に大勢の人が静かに座っている。そこにいるだけで心が癒やされるような、それでいてりんとした空気に包まれている。

どことなく、図書館で感じる雰囲気に似ていませんか？「静かで落ち着く」を絵で表現してください、と言われたら困ってしまう。でも、「枯山水を絵にしてください」と言われたら、多くの人ができるはずです。同心円と帯のような線を組み合わせれば、それっぽい絵になります。

枯山水をイメージした図書館のWebサイトデザイン

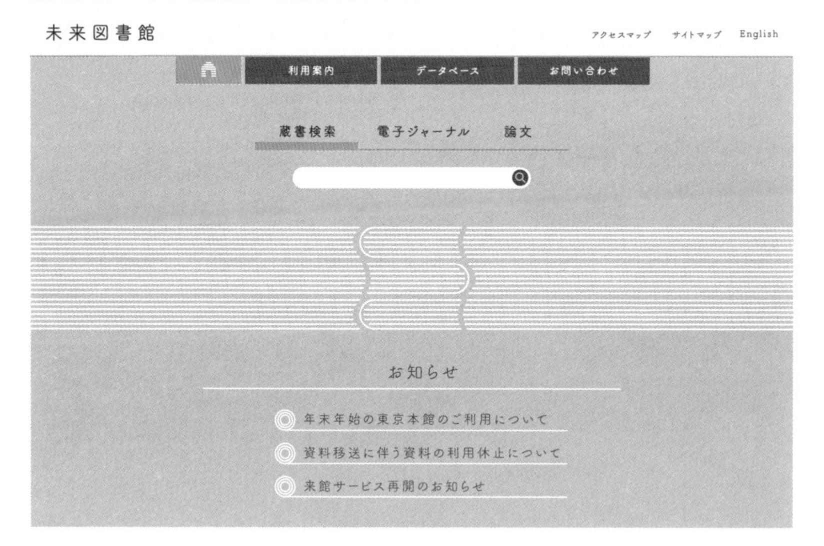

このサンプルでは、「砂紋（白い砂に描かれた線）」と本をアイコニックにしたグラフィックを組み合わせてデザインを構成してみました。

POINT❹ ひねりすぎたら意味がない

メタファーで大事なことは、ふたつあります。ひとつは、**誰もが知っている言葉で表現すること**です。

図書館の雰囲気を、マルタ島のイムディーナ（静寂の街と呼ばれる観光名所）をメタファーにしてデザインしました。

と言ってもわかりにくいですよね。

そして、ふたつめは**簡潔に表現すること**です。枯山水をメタファーとするとき、砂紋以外にも引用できる要素はたくさんあります。でも、次のように説明したらどうでしょう。

このボタンは手水鉢をイメージして、ゴツゴツとした石のテクスチャを使いました。

この説明をされて響く人は寺院マニアだけでしょう。

メタファーは、相手にわかりやすく伝えるための手段です。ひねりすぎては意味がありません。メタファーが簡潔で明快なものになっているか？　ぼくは「伝言ゲームで正しく伝わるか」を意識しています。

大手企業や行政がクライアントのとき、デザインの窓口は決裁者でなく担当者の場合が多いです。ぼくがプレゼンした内容を、担当者が決裁者に説明する場面が必ず生まれます。そのとき、デザインの考えが複雑だと正しく伝言されません。

デザインコンセプトは枯山水。人が集う静けさを枯山水に見立て、幾何学模様で表現しています。

これくらい**シンプルにしないと、人から人へ伝わらない**んです。優れたデザインコンセプトは、伝言ゲームを何度繰り返しても正しく伝わります。難しいですが、ぼくが常に心掛けているデザインの考え方です。

メタファーを使いこなす極意

・メタファーのすごいところ
❶ユーザーに一目で理解してもらうことができる
❷自分の考えがわかりやすく伝えられる
❸魅力が何倍にも増す
→上手に使うことができれば、デザインの説明がいらない「**最強の言語化**」になる

・メタファーを使う際に大事なこと
❶**誰もが知っている言葉で表現**すること
❷ひねりすぎず、**簡潔に表現**すること
→メタファーは相手にわかりやすく伝えるための手段、シンプルにしないと伝わらない

「本を読む」以外に言語化能力を高める方法

「デザイン　言葉　鍛える」で検索してみると、「言葉を使いこなすには、とにかく本を読め！」なんて書いてある記事がたくさん出てきますが、もう少し具体的に知りたくないですか？

そこで、ぼくが実践している「言語化能力を高めるコツ」を、デザインの制作過程とともにご紹介します。

たとえば、こんな依頼があったら、どうデザインを発想し言語化していけばいいでしょう？

> 「“もったいない”で優しくつながる社会をつくる」というミッションのもと、余った食材を買い取り、再利用するフードシェアサービス『IROHA（イロハ）』。ミッションが伝わるロゴマークを希望します。

POINT ❶ 画像検索で語彙力を高める

言語化には語彙力が必要です。でも、語彙力に自信がなくても、調べて知識を増やせば問題ありません。

たとえば、依頼のキーワードである「もったいない」の由来を知りたいとき。「もったいない　由来」と検索すると、約数百万件もの結果がヒットします。これをすべて見るのは不可能です。だからといって最初の数ページだけ見ても、みんなが知っていることばかり出てきます。

だからぼくは、「もったいない　由来」というキーワードで画像検索しています。画像検索のメリットは、**サムネイルを見た瞬間に記事の内容がおおよそわかる**こと。スクロールだけでエンドレスに閲覧できるので、短時間で多くの情報に触れることができます。

もちろん、関係ない情報もたくさん出てきます。でも、そのなかから思いがけない「求めていた」情報を発見できることがあるんです。言葉にまつわる情報を多面的に集めたいとき、画像検索はおすすめの方法です。

「もったいない　由来」というキーワードの画像検索

POINT ❷ 意外性を大切に

3R（Reduce：減らす、Reuse：繰り返し使う、Recycle：再資源化するの頭文字）という言葉があります。リサイクル関連のロゴマークで、Rの文字や循環する矢印を使ったデザインをよく目にしますが、わかりやすい半面、見慣れた印象を与えてしまうのが悩ましいところです。

奇をてらうのはよくないですが、**誰かに言いたくなる意外性のある物語は、共感を生みやすい**。たとえば、人間がもっとも美しいと感じる黄金比。パルテノン神殿やパリの凱旋門も黄金比で設計されています。身近なところだと名刺の縦横比も1:1.618の黄金比です。

でも、日本人にとって、黄金比より慣れ親しんだ美しいバランスがあります。それが、白銀比と呼ばれる1:1.414の比率です。

白銀比

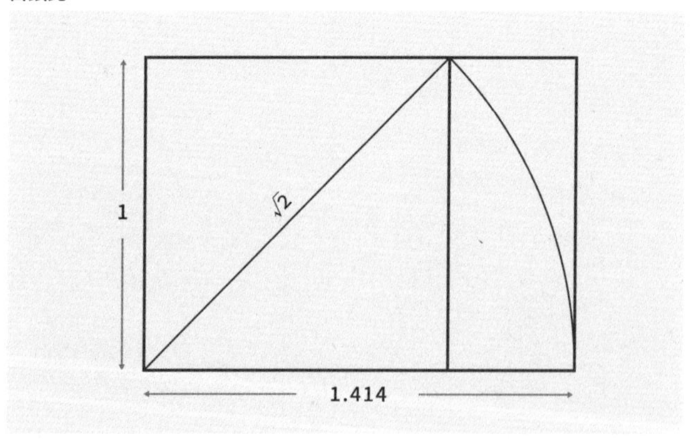

白銀比は、正方形を基準に構成される木造建築から始まったと言われています。ではなぜ、正方形が基準なのか？それは丸太からもっとも無駄なく木材を切り出せる形が正方形だからです。つまり白銀比に美しさを感じる根底には、日本人特有の「もったいない」という価値観があるんです。

現存する世界最古の木造建築物である法隆寺にも白銀比が使われています。日本人は黄金比よりも白銀比や正方形を好むという調査結果（中村滋『フィボナッチ数の小宇宙 改訂版』日本評論社、2008年）もあります。茶室や風呂敷、折り紙など日本人の生活に美しいカタチとして溶け込んでいるのが、白銀比であり正方形なのです。

ロゴマークに正方形を使った理由として、白銀比と「もったいない」の関係を伝えたら、クライアントも興味をもってくれると思いませんか？

法隆寺の白銀比

POINT❸ 既知のなかに無知を見つけよう

「磊磊落落ってなんて読むか知ってる？」と聞かれ、「らいらいらくらく、と読むんだよ。心が大きい人を表す言葉なんだって」と教えられても、ふーんという感じですよね。そんな難しい言葉、ふだん使いませんもんね。

まったく知らないことよりも、なじみある言葉の知らなかった事実を聞いたときに人の心は動きます。その代表格が語源です。小さい頃から使っていた言葉が、じつは深い意味をもっていたら……。誰かに教えたくなりますよね。ぼくが面白いな、と思った語源をいくつかご紹介します。

おてんば：*オランダ語で「手に負えない」を意味する"ontembaar"が語源といわれている。*

猫：*よく寝るから、寝子という説がある。*

かぼちゃ：*カンボジアの特産品が、16世紀にポルトガル人によって輸入され、カンボジアがなまってかぼちゃとなった。*

クライアントから提示されたキーワードの語源を調べると、デザインコンセプトのヒントに出合えることが多々あります。「もったいない」の語源を調べると、仏教の世界に行きつきました。デザインコンセプトにするには、少し重い印象です。

そんなときは、少し視点を変えてみましょう。「もったいない」以外にも「循環・回る・円」という再利用を想起させる言葉の語源を調べると、何かヒントが見つかるかもしれません。

たとえば、「円」の読み方のひとつに、「まど（か）」があります。「まどか」には「穏やかで安らかなさま」という意味があるんです。「ロゴカラーは、穏やかなイメージを与える暖色を基本に考えよう」というアイデアにつなげることもできますね。デザインの言語化は、発想を広げることにも役立つんです。

POINT❹ 最初から言葉でデザインを考えてみる

デザインの言語化能力を高める一番効果的な方法は、**発想段階からデザインを言語化して考える**こと。つまり、**いきなりデザイン画を描き始めない**ことです。

デザインを始めるとき、まっさきに画像収集サービスのPinterestなどで「ロゴマーク」と検索してはいけません。見た目がいいな、と感じたデザインをアレンジしただけでは、クライアントの心に響きません。後付けしたコンセプトは、相手に伝わってしまうものです。ぼくは現場で「いきなりイラレで絵を描くのはやめようね」と呪文のように言っています。

そしてこれが、最終的に作成したデザインサンプルです。とてもシンプルなデザインですが、デザイン要素のすべてに明確な理由があります。

IROHA　ロゴデザイン

「もったいない」で社会を優しくつなげたい

フードシェアサービス
IROHA（イロハ）

「もったいない」の物語と関係する正方形を基調に、穏やかなイメージを暖色のグラデーションで表現しました。「愛」が循環する意味を込めて、四角形の一部に「I（アイ）」の文字を組み込んでいます。

ロゴデザインは、トレンドに強く影響されます。でも、時代に関係なく受け入れられる唯一の要素が「シンプル」です。シンプルなデザインを提案するのは、勇気がいります。手抜きだと思われないか？　味気なく見えてしまわないか？　と不安になるものです。でも、**言葉でしっかりと考えられたデザインには、人を引きつける力がある**とぼくは信じています。

「本を読む」以外に言語化能力を高める極意

・画像検索をして**語彙力**を高める
・依頼された**キーワードの語源**を調べてみる
・いきなりデザイン画を描き始めず、**発想段階からデザインを言語化**して考える

「デザイン」と「アート」から考える言語化の大切さ

ここまで、デザインをどのように言語化すればよいか考えてきましたが、「そもそもデザインの言語化って本当に必要ですか？」と聞かれることがあります。この本を書いているのに恐縮ですが、じつはぼくも、デザインの言語化があらゆる場面において常に必要とは思っていません。それでもやはり、クライアントのためにも、自分のためにも、言語化は大切だと考えています。

そこで、デザインの言語化がなぜ大切なのか、「デザインとアートの違い」を交えてお話ししたいと思います。

Q 「デザインの言語化が常に必要とは思っていない」と書きました。では、言語化がいらないデザインとは、どのようなデザインでしょう？

POINT ❶ アートは受け手側に解釈を委ねるもの

ぼくはアートに近いデザイン領域での言語化は、必ずしも必要だとは思いません。その代表例のひとつが「テキスタイルデザイン」です。

テキスタイルデザインとは、服やインテリアに使われる布のデザインをすることです。素材や加工方法など機能面を含めた幅広い知識と技術が求められますが、柄や配色といった、アートに近い要素が商品の魅力に直結するデザイン分野です。

たとえば、上の柄がなぜ「かわいい」のか、言語化するのは難しいと思いませんか？　テキスタイルデザインは、人によって受ける印象が違うからです。この柄を見て、「かわいい」という人もいれば「美しい」と感じる人もいます。「かっこいい」と思う人もいるでしょう。

POINT ❷ デザインは説明できなければいけない

では、アートとデザインの違いはどこにあるのでしょうか？　ぼくは以下のように考えています。

デザインとアートの違い

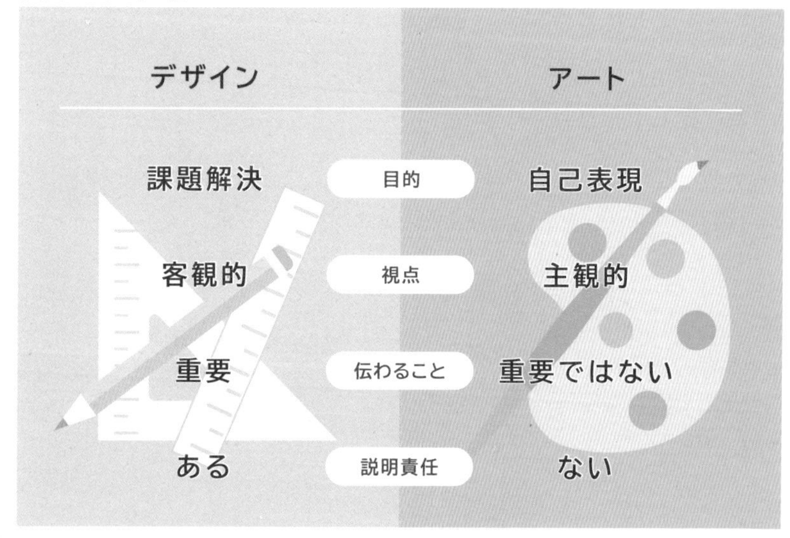

最大の違いは、目的です。デザインは「課題解決」のために存在しています。世の中の人が、何も困っていなかったら、デザインは必要ありません。

「座りやすくて美しい椅子が欲しい」「片手で簡単に開けられる缶詰があれば便利なのに」「この商品をもっと多くの人に買ってもらうにはどうすればいいのだろう？」……デザインの起点には、何かしらの課題があります。**デザインとは、課題解決のための手段**なのです。

課題を解決するとき、そこには必ずプロセスがあります。プロセスを説明できなければ、課題が解決できたのは偶然だと思われても仕方ありません。

たとえば、歯が痛くて歯医者に行ったとします。治療後、「どう治したかは説明できないけど、もう大丈夫ですよ」と言われたら、あなたはどう思いますか？　普通の人なら、「ふざけるな！」と怒るでしょう。もう二度とその歯医者には行かないですよね。

課題解決を頼まれた人には、クライアントに対する説明責任が生まれるんです。歯医者の治療、水道管の修理、塾での指導方針……。もちろん、デザインも例外ではありません。そして、**説明するためには言葉にしなくてはいけない。つまり、言語化が必要**なわけです。

課題解決型のデザインを依頼されているのに、「これが自分のデザインの特徴なんです」と言うのは変ですよね。もし、「デザインの言語化なんて必要ない」と感じている人がいたら、**自分が依頼された仕事が、「課題解決型」か「アート型」かを考えてみるといい**と思います。

POINT ❸ デザインと「自己表現」は別もの

「デザイナーはこだわりをもたなくちゃいけないよ」。新人デザイナーのとき、先輩たちに言われた言葉です。当時は言葉の意味を取り違えて、こだわり＝自己表現だと思っていました。

でも、違うんですよね。**自己表現はアートの領域**なんです。ぼくたちデザイナーは、ユーザーが言葉にできない思いを表現する、代弁者でなくてはいけません。デザイナーがこだわるべきは、**ユーザーの声を正しく伝える**こと。

たとえば、Webデザインを依頼されたとしましょう。もし「このページに50個の広告を入れてほしい」と要望されたら、いくらクライアントの意向だとしても、きちんとユーザーの気持ちを代弁しなくてはいけません。「過度な広告表示は使い勝手が悪いだけでなく、離脱を促すのでやめましょう」と勇気を出して、主張するべきです。

POINT ❹ アートとデザインの融合は起こる

基本的にアートとデザインの世界は交わりません。でも、ごくまれに高いレベルで融合し、すばらしいデザインが生まれることがあります。Appleの製品は、アートに近い領域でデザインされている代表例ですよね。

いまでもはっきり覚えている、ぼくのなかで「最高のデザインとは何か？」を言語化できた瞬間があります。いまから10年以上前の話です。

iPhoneが日本で初めて発売された日、同僚が徹夜で並んで買ったiPhoneを会社にもってきてくれたときのことです。話題のプロダクトを目の前にして、チームメンバーは興奮していました。見せて見せての大合唱です。箱から取り出された、真新しいiPhoneを目にしたとき歓声が上がりました。
「かわいい！」「かっこいい！」。同時にふたりのデザイナーが声を上げました。そのときぼくは思ったんです。**最高のデザインとは、「かわいい」と「かっこいい」が両立するデザインなんじゃないか**と。
「きれいなデザイン」を作るのは、じつはそれほど難しくはありません。それは、「きれい」の判断基準は個人差が少なく、老若男女でそれほど変わらないからです。努力は必要ですが、多くのデザイナーが「きれいなデザイン」を作ることができます。

でも、**「かわいい」と「かっこいい」の基準は、個人差が大きい**。性別や年齢はもちろん、さまざまな要因で基準は変わります。100人いたら、100種類の基準があると言ってもいい。だから、「かわいいデザイン」や「かっこいいデザイン」を作るのはとても難しい。ましてや、「かわいい」と「かっこいい」が両立するデザインとなると至難の業です。でも、だからこそやりがいがあるとも言えます。

POINT ❺ 言葉にすることは自分のためにもなる

「デザインは、クライアントへ説明する責任があるため、デザインの言語化が必要です」と書きましたが、理由はそれだけではありません。自分のなりたい姿や理想とするデザインを、言葉にして明確にすることは、自己成長にもつながります。つまり、デザインの言語化は自分のために必要なことでもあるんですね。
デザインの価値は、定量的に表せません。営業職なら明確な数値目標が立てられますが、デザイナーの仕事は数値化するのが難しい。去年と比べて、自分がどれくらい成長したかも数字では表しづらいですよね。ときどき、このままのやり方でデザイナーとして成長できるのだろうか？と不安になります。

その不安を払拭するためにも、明確な言葉で目標を立てることは、有効な手段のひとつです。「いいデザインをする」という漠然とした言葉ではなく、自分を鼓舞する言葉で目標を立てるのです。

このように、**デザインの言語化は、自分の軸を決めること**にも使えます。誰のためでもなく、自分のために。理想のデザインを言語化しておくことは、デザイナーとして活動していく上で、必要なことだと思います。

この節で改めてデザインを言語化する必要があるのか考えてみることで、デザイナーにとって言語化は欠かせないものだと感じてもらえたのではないでしょうか？　いいデザインができたと思っても、うまく伝わらなければボツになることもありますよね。

課題解決のためにも、いいデザインを実現するためにも、次の章以降、さらに実践的に使える言語化の方法を具体的に説明していきます。

「デザインの言語化」が必要な理由

・アートに近いデザインには、言語化は必要なく、「計算された感じ」を見せないことが重要
・デザインとアートの**最大の違いは目的**にある
→アートは自己表現が目的だが、**デザインは課題解決のための手段**である
・課題解決を頼まれている場合、**クライアントに対する説明責任が生まれる**ため、言語化が必要
・「かわいい」と「かっこいい」が両立するデザインこそ、最高のデザイン

言語化は、絵が描けない人の言いわけ?

「言語化って、絵が描けない人の言いわけですよね!?」

終電まであと1時間の23時。職場近くの飲み屋の片隅で、ぼくは後輩ふたりに詰め寄られていました。まぁまぁまぁ、とぼくは怒った後輩たちをなだめます。

「ディレクターって何かと『デザインは言語化が大事』って言うじゃないですか？」

「そうそう！　口はたつけどオレより絵が下手な人に修正指示もらっても納得いかないっすよ！！」

「それはさすがに言いすぎだぞ」

後輩に注意しながら、ぼくは2杯目のビールを飲み干しました。

―― 30代前半、ぼくがチームリーダーになった頃のエピソードです。

●

ぼくの上司だったディレクターは、とてもプレゼンが上手な人でした。部門間の調整もお手の物。デザインの説明もよどみなく、企画や営業の責任者たちにデザイン承認をもらうのも得意でした。ただ、怒った後輩たちが言ったとおり、絵を描くのが得意ではありません。だからこそ、言語化能力に磨きをかけディレクターの道に進んだのでしょう。

「ディレクターは、いいデザインにするためじゃなくて、自分が説明しやすいようにデザイン修正させるんですよ。酷くないですか!?」

よく後輩たちに文句を言われました。そのたびにディレクターにかけ合って返り討ちにあったものです。まさに板挟み状態。この頃はデザインするのが少ししんどいな、と感じていたくらいです。似た経験があるデザイナーも多いのではないでしょうか？

●

いまとなっては、ディレクターの気持ちも痛いほどわかります。どんなにいいデザインでも、世のなかに出なければ意味がありません。言葉の力で各部門のデザイン承認を取ることも大事なことなのです。

デザインの言語化は必要か否か？デザイナーの間でよく議論される話題です。管理職に近い人ほど言語化の重要性を力説し、入社間もない若手ほど言語化に疑問をもつ人が多い気がします。この議論は、次の質問に言い換えることができます。

「言葉の力」と「絵の力」、デザイナーにとってどちらがより重要ですか？

答えは決まっていますよね。どちらも同じくらい重要なんです。だけど、この質問をされると、「オレは言葉の力だと思う！」「私は絵の力を大事にしたい」と、どちらか一方を答える人が多い。もしくは、「両方大事だと思うけど、私は『○○の力』に重きを置いています」と答える人もいます。

●

ディレクターと後輩との板挟みにあったとき、「言葉の力と絵の力、みんなが両方もてればうまくいくのに……」と、よく思ったものです。だって、両方できたほうが絶対いいじゃないですか。歌うだけ、踊るだけじゃなくて、歌って踊れるアイドルに憧れるのと一緒です。もちろん、歌手やダンサーを否定する気持ちはないんですよ。ひとつの道を突き詰めたからこそ、到達できる領域はあります。

「二兎を追う者は一兎をも得ず」ということわざがあるように、両立し難いふたつのことを追い求めるのはリスクがあるし、とても大変なことです。でも、やらなきゃいけない状況に追い込まれると、人間ってできるものなんですね。

●

言語化能力の高い上司に説明できるよう、本をたくさん読みました。後輩たちに納得してデザインしてもらえるようにと、最新のデザイントレンドを集め、自ら手を動かし絵を描きつづけました。右脳と左脳がオーバーヒートして煙を上げる毎日でした。

あの状況でもう一度がんばってくれ、とお願いされたら全力で「イヤです！」と断るくらいハードな毎日でした。でも、その経験があったからこそ、「言葉の力」と「絵の力」の両方を伸ばすことができたのかな、とも思います。

STEP 3

クライアントの要望をくみとる

デザインの意図を言葉で伝えるのと同じくらい大事なのが、「相手がどういう要望をもっているのか」をくみとること。相手が依頼してきたとき、あるいは修正をお願いされたときの言葉を正しくくみとり、期待以上のものを出せるようにするには、どんなことに気をつければいいのでしょうか？

クライアントの要望をくみとる 1

「シンプルなデザインにしてください」と言われたら

デザイナーのみなさん、クライアントからの要望で一番困ることはなんですか？　無茶な納期やコスト、度重なる修正。さまざまな場面で頭を抱えることが多いと思いますが、漠然とした依頼内容も悩ましいですよね……。

1. とにかくかっこよくしてください！
2. 洗練された、いまっぽい雰囲気が希望です！
3. シンプルなデザインでお願いします！

これは、ぼくにとって厄介な依頼のトップ3です。ここではそのなかでも一番気をつけている、「**シンプルなデザイン**」について書きたいと思います。

なぜ「シンプル」に気をつけなくてはいけないのでしょう？　それは、シンプルという言葉を、クライアントとデザイナー、そしてすべての人にとっての**共通言語だと勘違**

いしている人が多いからです。

「かっこいい」や「いまっぽい」などの言葉であれば、人によって捉え方にバラつきがあることは、なんとなくわかりますよね。だから「かっこいいとは具体的にどのようなイメージですか？」とクライアントに確認するはずです。でも、シンプルという言葉は、意外と**相手が自分と同じイメージをもっていると思い込みやすい言葉**なんです。これは、クライアントだけでなくデザイナーも一緒です。つまり、お互いに違うものをイメージしながら、「シンプル」という言葉を使ってしまっている可能性があるのです。

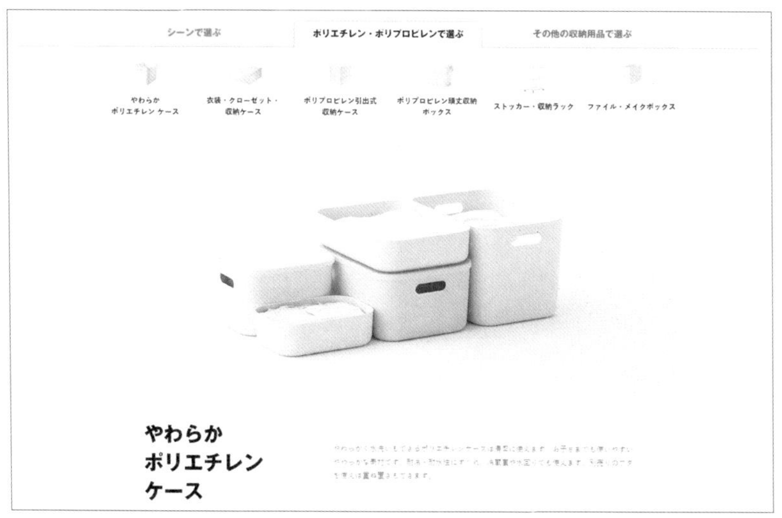

出典：無印良品

POINT ❶ シンプルという言葉の解像度を上げる

たとえば、「シンプルなデザインをしてほしい」という依頼に対し、ヒアリングを細かくせずに前ページのような無印良品っぽいアウトプットを出したとします。ときには「あっ、いいですね！」と一発OKをもらえることもあるでしょう。「**シンプルといえば無印**」というブランドイメージを作り上げた良品計画ってホントにすごいですよね。でも、そんなラッキーヒットは珍しいはず。多くの場合、次のようなコメントでクライアントにNGをもらうことになるのではないでしょうか。

ん〜、なんか違うんだよなぁ。

「シンプル」という言葉は、**人によって捉え方がまったく違う、奥深い言葉**だと思っています。なので「シンプルなデザインで」と依頼されたときは、クライアントの要望を丁寧にヒアリングして、**クライアントが抱く「シンプル」のイメージを明確にしていきます**。「シンプル」の解像度を上げずにデザインワークに入ると、修正地獄に陥ってしまうからです。

POINT ❷ シンプルとミニマルの違いを考えてみる

「シンプル」に似た言葉に、「ミニマル」というものがあります。最近は、自分にとって不要なものを手放し、本当に必要なものだけを手元に残すミニマリストというライフスタイルもよく耳にしますよね。では、いきなりですが、シンプルとミニマルの違いを説明できますか？

これ、デザイナーでもバシッと答えられる人は少ないです。理由は簡単。ふたつの言葉の定義が曖昧で、捉え方が人によって違うからです。そのため「シンプルなデザインで」と依頼したクライアントが、**じつはミニマルなデザインにしたかった**、ということもあるんですね。本当はミニマルを求めていたクライアントに対してシンプルなデザインを提案しても「なんか違うんだよね」とOKがもらえないのは当たり前ですよね。

ぼくが考えるシンプルとミニマルの違いはこうです。

シンプルとミニマルの違い

シンプル	ミニマル
調和	強調
普遍的	特徴的
最小限に足す	最大限に削る

ぼくは、クライアントにデザインを見せる前に、このようなメモを書いています。なんのためにそんなことをするかというと、**何気なく使っている言葉の解像度を上げるため**なんです。ふだん使っている横文字を日本語に置き換えることはとてもよいトレーニングになります。しかも、なるべく簡潔な言葉にしようとすると個性が出てくるから面白い。

シンプルとミニマルの違いをデザイン仲間と一緒に書き出してみてください。全員同じ言葉が並ぶ……ということは絶対にありません。**各々が大事にしているデザインへの姿勢が言葉になって現れるはず**です。その違いについて議論することもよいトレーニングになると思います。個人練習だけでは限界があって、チーム練習が必要なのはスポーツと一緒ですね。

クライアントの気持ちを代弁したり、自分の考えをきちんと相手に伝えたりするためには言語化能力を鍛えなくてはいけません。それはよいデザインをするために必要なことですし、何より「シンプルとミニマルの違いってなんですか？」と聞かれて即答できたほうがかっこいいですよね。

POINT ❸ クライアントに伝えるときは「ビジュアル」と「言葉」をかけ合わせる

シンプルとミニマルの違いを自分なりに書き出せたとしても、次のような疑問が浮かびあがるでしょう。「これが、ぼくの考えたミニマルなデザインです」なんて説明しても、クライアントには伝わらないんじゃないか、と。

たしかにそのとおりです。でも、じつはここからデザイナーの腕の見せどころなんです。なぜなら、**デザイナーはビジュアルと言葉を合わせて説明できる**からです。ぼくがシンプルやミニマルの説明をするときに使っているシートをご紹介します。

シンプルとミニマルの違い（アップデート版）

シンプル	ミニマル

調和 使われる空間に調和するデザイン	**強調** 記憶に残る存在感あるデザイン
普遍的 一目でテープカッターとわかる見た目	**特徴的** 道具ではなくアート作品のような見た目
最小限に足す 最小限の構成要素で 機能性と美しさを両立	**最大限に削る** 機能性を最大限削り 造詣の面白さを追求

おすすめは、**依頼されたデザインと違うジャンルの画像を使うこと**です。Webデザインの仕事ならプロダクトデザイン、プロダクトデザインの仕事なら店舗デザインのサンプル、というように、違うジャンルのビジュアルを使ったほうがクライアントの本音が聞き出しやすいです。

たとえば、マグカップのデザイン依頼を受けたとしましょう。その際に上のテープカッターの画像を使った資料を見せて説明したとします。クライアントから

この画像の白いヤツみたいなデザインでお願いします。

……なんて言われたら困っちゃいますよね。しかも、そう言われて、なんとか頑張って白いシンプルなデザインにまとめたのに「なんか違うんですよね……」と言われたら「はぁ？？？」と心のなかで愚痴ってしまうでしょう、「言ってることが違うじゃないか！」と。

視覚情報の影響力はとても強く、ビジュアルで議論してしまうと「なんとなくかっこいいから」というように表層的な会話になりがちです。だから、クライアントとデザインの方向性を深く議論するときは、あえて依頼されたジャンルと違うビジュアルを使い言葉で議論することをおすすめします。前のページの資料を見て、「このテープカッターみたいなWebデザインにしてください」と言う人はいないですよね。クライアント自身の依頼に対する解像度を上げるためにも、この手法は有効なんです。

POINT ❹ 依頼内容に合った言葉で、相手の意向を探る

シンプルなデザインがご希望とのことですが、このテープカッターのように使いやすく美しいということでしょうか？　Webデザインで考えると、直感的で使いやすく美しいナビゲーションが重要ということですかね……？

このように、シートに載せたプロダクトデザインの言葉

をWebデザインの言葉に翻訳し、クライアントの意向を探ることが重要です。**依頼内容に合った言葉を使えば、相手の気持ちの根っこを引き出すことができるはず**です。

デザインの言語化能力を上げるには、これまで説明したようなコツの習得やトレーニングが必要です。でも、それ以上に大切なのは、デザインが好きな気持ちです。「気持ちは誰にも負けないぞ！」という意気込みでデザインと向き合っていけば、自然に言語化能力が上がっていくと思います。

「シンプルなデザインにしてください」と言われたときの極意

- 「シンプル」は、人によって捉え方がまったく違う言葉なので、**相手が抱く「シンプル」のイメージ**を明確にする
- 「シンプル」と「ミニマル」など、何気なく使っている言葉の違いを書き出してみる
- 相手に説明するときは、**依頼されたジャンルと違うビジュアル**と言葉の合わせ技で伝える
- **依頼内容に合った言葉に翻訳**して、相手の意向を探る

クライアントの要望をくみとる 2

「悪くはないけど、違う案も見たい」どう対応する?

悪くはないのですが……。違う案も出してもらえますか?

デザイナーなら、誰もが一度は言われたことのあるセリフですよね。ぼくは夢のなかでも言われ、うなされたことがあります。

修正依頼をされたものの、よくよく話し合ったら修正の必要はなかった、ということはよくあることです。デザインサンプルとともに、具体的に説明しましょう。

水族館のリニューアルオープンの告知ポスターを依頼されたとします。首都圏主要10駅にB0サイズ2枚の連貼り掲示をするそうです。夏休みに合わせた告知キャンペーンの一環で、ターゲットは、小学校低学年の子をもつ家族連れ。さて、どうやり取りすればよいでしょう。

この依頼に対して提案したデザインへの反応が、どうもイマイチです。そして、打ち合わせ早々に「悪くはないですが、違う案も出してくれませんか？」というコメントをもらってしまいました。

BO連貼り（縦約1m、横約3m）を想定したデザインサンプル

POINT ❶ 上司に報告する場面を想像する

明確な理由なく、追加案をお願いしてくるクライアントにはふたつのタイプがいるな、とぼくは思っています。

ひとつめは、**ダメな理由を言葉にできない人**。このタイプの相手とは、時間をかけて会話するしかありませんが、めったに出会うこともありません。少なくとも、ぼくが接するクライアントは、何かデザインのヒントにならないかと一生懸命コメントを考えてくれます。

圧倒的に多いのはふたつめのタイプ、**上司に報告するための選択肢がほしい人**です。

自分はこのデザインが好きだけど、案がひとつしかないと上司に報告しづらいし……。もう一案お願いしちゃおう！

こんな心の声をもっている方ですね。新しく担当になった方にとくに多い気がします。だから、そんな雰囲気を感じたら、**目の前にいる担当者が上司に報告する場面を想像しながら説明する**と効果的です。

今回のポスターが貼られる位置は、床面から約80cmと、どの駅でもほぼ同じ高さです。子どもたちのシルエットは、ポスターが貼られたときに小学2年生の平均身長と同じ高さになるようにレイアウトされています。水族館の水槽の前にいるような疑似体験を生む、ユーザーの目に留まるデザインを狙いました。

POINT ❷ ユーザー目線で伝える

もうひとつのポイントは、**デザイナー目線でなくユーザー目線で伝えること**です。クライアントの上司が気にするのはデザインのよしあしではありません。

「このポスターでターゲットユーザーにきちんと訴求でき

るのか？」。この一点です。相手の立場を考え、担当者が報告しやすい言葉で説明してあげることができれば、不要な追加案を出さずに済むこともあるんです。そのため、ポスターが貼られているシーンスケッチを描くことも効果的でしょう。

ポスターが貼られているシーンスケッチ

POINT ❸ 相手の気持ちをくみとる

では別のケースも考えてみましょう。メガネのポスターデザイン案を提出すると、クライアントから次のように言われました。

提出したメガネのポスターデザイン

青い四角形の角丸をとってもらえますか？

この事例はひとつめの事例と正反対で、**クライアントのコメントが明確な場合**です。修正指示が具体的だとうれしい半面、困ってしまうこともあります。

「なぜですか？」と質問しても、「そのほうがいいと思うからです」と曖昧な返事。たしかに言われたとおりに修正してもいいでしょう。ただ、何かスッキリしない展開ですよね。クライアントにもデザイナーにも、モヤッとした気持ちが残ってしまいます。そんなときは、なぜクライアントが「ピン角の四角」にしたいのか、**相手の気持ちをくん**

で言語化するといいと思います。

本当に何となく思いついただけなのか？　よりシンプルなデザインにしたいのか？　1回で正解にたどりつかなくても大丈夫です。会話を繰り返しながらクライアントの本心に近づいていくことが重要です。

ピン角の四角にしたいというのは、もっと先進感を出したいということですか？

そう、それです！　もっと先進感を出したいんです！

こんなふうに正解にたどりつけたら、お互いうれしい気持ちになりますよね。

「だったら写真全体にブルーのグラデーションをかけましょう。そのほうが効果的です」と、よりよいアイデアも提案できるかもしれません。

そうすると結果的にデザインもよくなるし、クライアントからの信頼も増します。デザインの言語化には、自分の思いを伝える以外にも、相手の気持ちを引き出し、デザインの方向性を明確にする力もあるんです。

クライアントの意向を反映したポスターデザイン

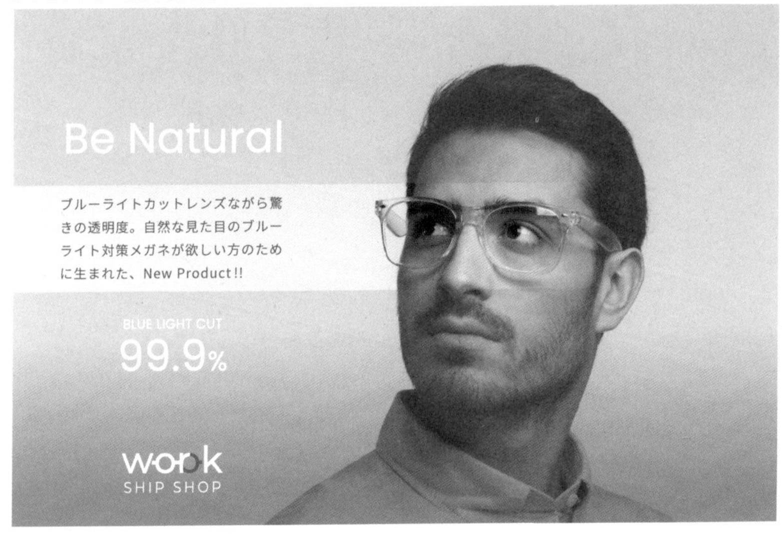

POINT ❹ 相手の言葉を不用意に変えない

最後は、デザイン用語を会話のなかに上手に織り交ぜ、相手の理解を得る事例です。

シンプルなデザインを要望されて提案するも、クライアントからOKはもらえず、こんな抽象的なコメントが返ってきました。

うまく言葉にできないのですが、もうちょっと軽くというか……オシャレな感じにできませんか？

「もっとオシャレにしてください」と言われたら?

こういう場合は「オシャレ」を深掘りして会話から相手の真意を引き出すのが王道ですが、ときには**言葉とビジュ**

アルで、クライアントの頭のなかをカタチにしてあげることも必要です。

とくに納期が迫ってクライアントも焦っている場合、デザインのディテールについて根掘り葉掘り質問すると

あんたプロのデザイナーでしょ？　それくらい察して修正案もってきてよ！！！

と逆ギレされてしまうなど、お互いにとって不幸な事態にもなりかねません。

シンプルなデザインを希望していたクライアントが、「もうちょっと軽く、もっとオシャレに」要望も若干変化させた――そこから相手の気持ちが推察できるはずです。

間違ってはいけないのは、「**シンプル、軽さ、オシャレ**」**の3つの言葉を満たすデザインが求められている**こと。「オシャレと言われたから、シンプルは忘れて装飾を派手にしよう！」と考えてしまっては、修正地獄へまっしぐらです。

囲み線にすき間をつけて、ヌケ感を出してみるのはどうでしょう？　こうすれば、シンプルながらオシャレなイメージも出せると思います。

修正デザイン例

Café Du Liberté
NIHONBASHI
感謝の気持ちを込めて、オリジナルブレンドかアイスコーヒーを来店のお客様全員にプレゼント☆
Anniversary
Fair 7.2mon-6fri

このデザイナーからのコメントには、ふたつのポイントがあります。ひとつめは、**「ヌケ感」というデザイン用語をさりげなく相手に伝える**こと。そうすると、クライアントも「こういうときはヌケ感と伝えればいいんだ」となります。言葉の引き出しが増えるんです。

もうひとつのポイントは、**相手の言葉を不用意に言い換えない**ことです。ぼくは、自分からデザインの説明をするときは「オシャレ」という言葉は使いません。「オシャレ」は色んな意味を含むからです。だから「華やかになります」「シックなイメージを出せます」と、デザインに合わせて言葉を選びます。

でも、だからといって先ほどのコメントを「シンプルながら華やかになります」と答えたらどうでしょうか？「オシャレにしてほしい」とコメントしたのに、「華やかになります」と返されたら、クライアントはどこか腹落ちしないかもしれません。ぼくが逆の立場だったら、自分の言葉をしっかり受け止めてくれるデザイナーと仕事がしたいと思うでしょう。

かなり細かいことですし、ここまで気にしない人がほとんどかもしれません。でも、相手の気持ちを言葉にするときは、それくらい誠実に向き合いたいとぼくは心がけています。クライアントが気づかないほどの小さな気配りの積み重ねが、信頼につながることを誰も否定できないと思うんですよね。

「悪くはないけど、違う案も見たい」と言われたときの極意

- 目の前の担当者が**上司に報告する場面を想像し**ながら説明する
- デザイナー目線ではなく、**ユーザー目線**で伝える
- 具体的な修正依頼がきた際に、「なぜそうしたいのか？」と**相手の気持ちをくむ**
- **相手の言葉を不用意に言い換えない**

修正地獄から抜け出す会話術

あなたがデザインワークで一番つらいと感じることはなんですか？　アイデアが行き詰まること？　それとも、納期が重なって冷や汗をかくときでしょうか？

ぼくは、**デザイン修正**でした。何度も修正が続くと、気が滅入りますよね。でも、いまは違います。修正作業はコミュニケーションの仕方で減らすことができるからです。ここからは、デザインの修正作業を減らし、クライアントとの関係性を向上させるコミュニケーション術についてお話しします。

メールのやり取りだけでWebバナーをデザインしていくケースで説明したいと思います。最近はテキストのやり取りだけで仕事が進んでいくケースも増えていますよね。テキストでの会話は、コミュニケーションロスが生まれやすく、お互いの意図が伝わりづらい場合があるので注意が必要です。

次のようなWebバナーの依頼が、クライアントからメールで来た場面を想像してみてください。

- **新発売する「こんにゃくパスタ」のバナー作成、1案**
- **糖質0をアピールしてダイエットに関心が高い消費者に訴求したい**
- **文字、画像は全て指定のものを使用**
- **サイズは、300×250（px）**

提示したデザインに次のコメントが返ってきました。

メインコピーをもっと大きくしてください。

簡潔な指示内容から、先方の忙しい様子が伝わってきますね。

「このクライアントは、いつも返信が遅いからとりあえず修正案を出しておこう……」。メールのみのやり取りの場合、こんなふうに相手の意図がわからないまま修正作業をしてしまうことはありませんか？

それは絶対に避けないといけません。かといって、忙しい相手に「なぜ文字を大きくしたいのですか？」とただ質問しても、有益な情報はもらえないでしょう。

クライアントは「なんとなく」文字を大きくしたほうがいいと感じながら、その理由を言語化できていません。そこを言語化し、相手に提示できれば、修正作業も少なく済みます。

POINT❶ 質問を選択式にする

では、どうすれば相手の真意を引き出せるのでしょう？単純な質問をするだけでは引き出せません。**答えの質を決めるのは問いの質**です。ぼくは、質問の答えを選択形式にして、相手が答えやすい工夫をしています。

「メインコピーを大きくしてください」と指示いただきましたが、〇〇さんの意図に近いものは、以下のいずれかにありますか？

1. 文字を大きくしてバナーを目立たせたい
2. 「糖質0（ゼロ）」を強調しヘルシーなおいしさを求める消費者に訴求したい
3. パスタが2種類ありおいしさが選べることを強調したい

このとき、**選択肢の方向性を大きく変えておくこと**がポイントです。

「『まるで生麺！』を大きくしますか？　それとも『糖質0（ゼロ）』を大きくしますか？」などと細かい表現の質問をしてしまうと、自ら修正地獄に足を踏み入れることになります。表面的な質問には、表面的な答えしか返ってきません。

クライアントへの質問は、デザインの方向性を探るためにするものです。相手の真意を引き出すような「質のいい問いかけ」ができると、それだけで修正作業を格段に減らすことができます。

POINT ❷ 要望に応えた上でアレンジする

前述の質問に対し、クライアントから次のような返信をもらったとします。

2番の『糖質0（ゼロ）』を強調する方向で修正してください。

Webバナーは、限られた面積に情報を詰め込むので、一部が変わると全体のバランスを見直さなくてはいけません。ここで気をつけたいのは、**逆提案するタイミングを見逃さない**ことです。次ページのデザインサンプルを見てください。

左が、要望どおりの修正案です。細部を調整して苦労しながらまとめたデザインです。しかし、A案だけを提出すると、

A案
修正要望を忠実に反映したデザイン

B案
自分のアイデアを加えた修正

写真が狭く見えるのが気になります。最初のデザインのほうがよかったですね。

とクライアントから返信が来ました。

ここで「最初のデザインでいきましょう！」と言ってもらえれば丸く収まるのですが、そうはいきません。「何か他にアイデアはないでしょうか？」と再修正の返信が来るものです。

修正を繰り返したあげく、「情報量が多いのでやっぱりメインコピーを削りましょうか」と言われてしまったら……。「最初に言ってくださいよ！」と思ってしまいますよね。

でも、勘のいいデザイナーなら依頼をもらったときに気がついたはずです。「情報量が多くてレイアウトしづらそうだな」、と。でも、初校で勝手に情報を削ることはできません。「テキストは支給のものを使用すること」と指定されているからです。

だから、**最初の修正依頼が来たときが最大のチャンス**です。**ここで言われたとおりの修正をするだけでなく、自分のアイデアを盛り込んだデザインを逆提案する**んです。そして、自分の狙いをきちんと言語化し、相手に伝えることが重要です。「B案のほうがいいデザインだと思いますが、いかがでしょうか？」などと表層的なコメントをしてはいけません。たとえば、こんなコメントとともに別案を提案するのはどうでしょう。

> A案は初校の修正案です。別のアプローチで『糖質0』を強調したのがB案です。『美味しくダイエット』がバナーのなかで他のコピーと重複表現に感じたので、『まるで生麺！』と入れ替えました。その上で『糖質0』を大きくすれば、おいしく食べながらダイエットしたいというターゲット層に響くバナーになると思います。

デザイナーから自分の意図をくんだ新しいアイデアが提案されたら、クライアントもうれしいですよね。クライアントも修正を繰り返すのは不本意なはずなんです。なるべく短い期間でいいデザインにしたい思いは、デザイナーと一緒です。

POINT ❸ 逆提案が不採用でも意味がある

新しいアイデアを提案し、クライアントにも喜ばれて採用されたら一番ハッピーですが、たとえ不採用になっても意味があります。それは、**クライアントが、最初に自分が依頼した内容に自信をもてる**からです。「B案を見て、やはり『おいしくダイエット』の文字は削れないと思いました」と返信が来たら、それでもいいのです。

逆提案したからこそ、A案にデザインが絞られたことになりますよね。**人は比較対象がないと決めづらいもの**です。最初に出したデザイン案で決めてもらうために、修正時に新しいアイデアを提案することも手段のひとつだと思います。

ただし、わざと見劣りするデザインを提案してはいけません。何度も言っていますが、**デザイナーが捨て案を提案することは、決してやってはいけない**こと。常に、「どのデザインが採用されてもいい」という気持ちでデザインするべきです。修正を通してクライアントとよりよいデザインを作っていく、そういう心持ちでいることが大事だと思います。

POINT ❹ 新デザインを校了後に見せてみる

修正中にまったく別の案を思いつくことはありませんか？　クライアントの要望とはかけ離れているけど、このほうが絶対よくなるのに……というアイデアです。そんなとき、ぼくはデザインを完成させてしまいます。もちろん修正対応はきちんとした上で、です。

そんなに美味しいの？
と思わせる圧倒的な数字

思わず目が止まる
クイズ形式のキャッチ

予想を良い意味で裏切るオチ
2種類の麺があることも
さりげなく訴求

上のWebバナーは、クライアントの要望とはまるで違うデザインですよね。まったく新しい企画のバナーになっています。**これを校了（デザインのOKが出た状態のこと）したあとにクライアントに見せる**のです。

じつはこんなアイデアも思いついたので、ご参考までにお送りします。新しい企画が始まったらぜひお声がけください。

このように、次の仕事につなげるための営業ツールにしてしまうのです。自分が勝手に作ったものなので、追加費用はもらえません。でも、「本当はこうしたいのに」とフラストレーションをためるくらいなら、完成させて相手に見てもらったほうがいいと思います。しかも、それが次の仕事につながるなら、言うことありませんよね。

もしかしたら、「勝手なことはしないでください」と不満を言うクライアントもいるかもしれません。余計なことをしてクライアントを怒らせたら仕事が来なくなる、言われたことだけをやればいい、と考える方もいるでしょう。でも、そのような関係は長続きしないと思います。

要望の範囲外の提案をすることに、最初は抵抗があるかもしれません。でも、いいものを作りたいと思っているクライアントなら、必ず喜んでくれます。タイミングをはかり、ほんの少しの勇気を出して相手の想像を超えるアイデアを提案してみてください。きっと、信頼関係を築くきっかけになるはずです。

POINT ❺ テキストだからこそ実践しやすい

最近では、在宅勤務などの働き方をしている人も増えたので、今回例に挙げたように、テキストのやり取りだけで提案から納品まで乗り切らなければいけないケースも増えていると思います。

テキストだけだと、直接会話するときと違って、相手の顔も声色もわかりません。そのため、どうしてもお互いの言葉の温度感やニュアンスが理解しにくいんですよね。

一方で、送信する前に伝え方を整理できるのは、テキストの大きなメリット。これまで解説したポイントを意識すれば、すぐにでも実践できると思います！

修正地獄から抜け出す会話の極意

・相手の真意を引き出すために、**選択形式で質問をする**
→このとき、**選択肢の方向性を大きく変えておく**のがポイント
・**逆提案**するタイミングを見逃さない
→**最初の修正依頼が来たときに**、言われたとおり修正するだけではなく、自分のアイデアを盛り込んだデザインを逆提案する
・**捨て案を提案することは、絶対にダメ**
・修正中にまったく別の案が思いついたときは、校了したあとにクライアントに見せる

クライアントに意識してほしいデザイン発注のコツ

ここからは、クライアント側が発注する際に意識してほしい言語化について考えていきます。

クライアントとデザイナー。仕事を発注する、引き受けるという相反する関係にある両者ですが、共通の悩みをもっています。

デザイン発注するときに、どう伝えていいかわからない。デザイン案の修正コメントが思いつかない。

このような悩みをもっているクライアントも多いみたいです。ぼくも「どう伝えればいいのかわからないのですが……」と相談されることがあります。これは、デザイナー側から見ると「クライアントが何をしてほしいかわからない」という頭の痛い問題になります。

デザイナー側としてもこう伝えてくれたらわかりやすい

なと思うこともあるので、ぼくが**言われて困ったクライアントの言葉**を例に挙げながら、上手な発注の仕方についてお伝えします。

POINT ❶ 現場の泥臭い話をしてください

言われて困ったクライアントの言葉❶

いい感じでデザインしてください。

これは頻繁に言われるオーダーです。このように言っていて、完全にデザイナー任せで、出てきた案に無条件でOKを出してくれるクライアントなら神様ですが、大抵はそうではないことが多いですよね。いざ、デザイン案を提出すると「うーん、ちょっとイメージと違いますね……」なんて言われてしまうこともあります。

もしあなたが発注者で、デザイナーの腕を見込んでお任せで発注したいときは、こう言ってほしいです。

この企画に一番ふさわしいと思うデザインを自由に提案してください。

「いい感じでデザインしてください」と言われると、デザイナーは自分を主語にして、「自分が」いいと思うデザインをしてしまいます。ですが、それではいけません。**中心に置くべきは「企画」そのもの**であるべきです。

だから「いい感じで」と依頼されたら、デザイナーはこう返すべきでしょう。

もっと具体的な言葉をもらえますか？

ECサイトのデザイン依頼の場面を想像してみてください。「いい感じで」と言われたら普通は、どんな雰囲気にしたいですか？　イメージに近い既存サイトはありますか？　と質問を重ねていきますよね。

よい言葉が思いつかないから「いい感じ」って抽象的に伝えているんだよ！　と思うクライアントもいるかもしれません。ただし、ぼくたちデザイナーは、デザイン用語で発注してほしいと思っているわけではありません。デザイン言語が思いつかなくても大丈夫です。**現場の泥臭い話をしてくれればいい**んです。

たとえば、立ち上げからの顧客数推移のグラフを見せながら、苦労したエピソードやお客様からいただいたうれしい言葉を伝えることはとてもよい発注方法です。現場のリアルな一次情報はデザインの源泉です。そこからデザイン言語に落とし込むのは、デザイナーの仕事です。

昔話ですが、こんな愚痴を言っているデザイン仲間がいました。

「今度のクライアント、デザインのことを知らなくて困っているんだよね」。少し腹が立ったことを覚えています。**クライアントにデザイン知識がないのは当然のこと**です。だからデザイナーに発注しているのですから。

その企画や商品、サービスに携わる人の思いをユーザーに届けるお手伝いをするのがデザイナーの本分。だから、クライアントには変にデザイナー寄りの言葉を使わず、自分の専門領域のことを熱く語ってほしいと思っています。それが一番いいデザイン発注の仕方だと、ぼくは信じています。

POINT❷ 迷っても折衷案を依頼するのはNG

言われて困ったクライアントの言葉❷

A案とB案の間でお願いします。

これもデザインのやり取りのなかでよく言われる言葉ですね。この言葉が出たときは、クライアントが迷っている証拠。だから、**折衷案を出してもOKがもらえないことが多い**。「うまく言えないけどイメージと違いますね……」と言われるのがオチです。

エナジードリンクのデザイン例

「A案とB案の間」という言葉は、結論を保留にしたい、まだ見ぬ何かに期待してしまう人間の習性みたいなものです。

たとえば、上のデザインの「A案とB案の間」って難しくないですか？

A案はシンプルすぎるし、B案は主張が強すぎる。
……う〜ん、その間でお願いします！

クライアントからするとこんなふうに言いたいのかもしれません。でも、A案のここがよくて、ここはダメというのを、もっと具体的な言葉で対話しないと、求めるデザイ

ンは出てこないですよね。

ホントは両案とも納得できていないのに、デザイナーに気を遣って折衷案をお願いするのもよくありません。「やり直してください！」と伝えるのもクライアントの大事な役目だと思うんです。「デザイナーの機嫌を損ねるかも……」と心配されるかもしれませんが、大丈夫です。なぜなら、クライアントがよりよいものを目指してダメ出ししているのか？　単にどうしていいかわからないからやり直しさせているのか？　**デザイナーは、愛あるダメ出しと、意味のないダメ出しを敏感に感じわけているから**です。

熱意あるクライアントの言葉は、必ずデザイナーに届いています。逆に理由なきダメ出しもデザイナーに伝わってしまうんです。ぼくは**修正依頼をされたとき、必ずその理由を聞きます**。しつこいくらいに、どこに違和感がありますか？　それはなぜですか？　と質問を繰り返すようにしています。

POINT ❸ とにかく会話をすることが一番の近道

明確な言葉が出てこない場合、次のようにハッキリ伝えています。

目指すゴールがご自身のなかで明確でないならば、
その修正をしても意味がないと思います。

デザインに正解はありません。答えのない問いに解答するようなものです。少しでも理想に近い解答を出すために、クライアントとデザイナーは会話を繰り返さなくてはいけません。それは、時間もストレスもかかる作業です。でも、その会話に時間を割くことが、**遠回りに見えてじつは一番の近道**なんです。

大幅なやり直しを指示されても、その理由が明確で腹落ちしたならば、デザイナーは嫌な気持ちにはなりません。いいものを作りたい、という強い思いから出てくるダメ出しは、デザイナーへの期待の表れだと知っているからです。

逆に言えば、デザイナーにはそれを見抜く力が必要です。そして、自分が納得できなかったら何度もクライアントと会話しなくてはいけません。また、**愛あるダメ出しを「自分のデザインが否定された」と勘違いしてはいけない**のです。

POINT❹「自分の言葉」を引き出していく

無理にデザイナー寄りの言葉を使わなくていいのは、修正依頼も同じです。前述の缶のデザインにデザイナー視点で修正コメントするなら、以下のような感じになるでしょうか。

A案はシンプルでかっこいいですが、エナジードリンクとしての存在感が足りません。B案は、らしさはあるけれど、見慣れたイメージで売り場で埋もれる可能性がある。A案をベースに、水平垂直の落ち着いたレイアウトではなく、大胆な文字レイアウトとポイントカラーを使ったタイポグラフィーでエナジードリンクらしさを表現してください。

こんなコメントをクライアントからされたら、**逆にデザイナーのプライドが傷つきそう**ですよね。繰り返しますが、デザイナーがクライアントに求めているのは、テクニカルなコメントではなく商品についての熱い思いです。

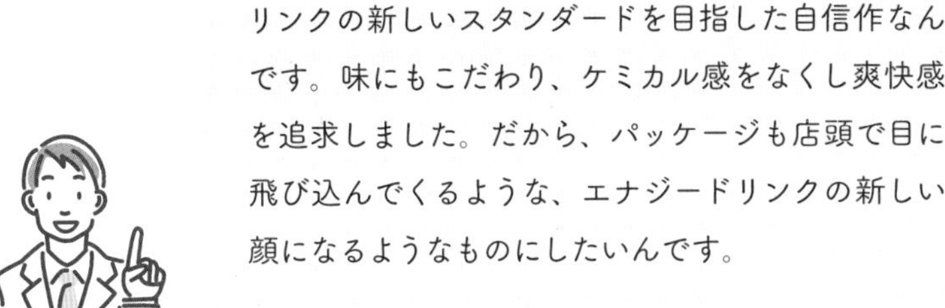
今回の商品は、5年をかけて開発した、エナジードリンクの新しいスタンダードを目指した自信作なんです。味にもこだわり、ケミカル感をなくし爽快感を追求しました。だから、パッケージも店頭で目に飛び込んでくるような、エナジードリンクの新しい顔になるようなものにしたいんです。

クライアントからこんな言葉をもらったら、燃えないデザイナーはいないですよね。たしかに求められているレベルは高いし、直接デザインにつながるキーワードも少ない。でも、「ケミカル感でなく爽快感」「店頭での新しい顔」というデザインの手がかりもある。

熱意をもって高い要求をしてくるクライアントが、ぼくは大好きです。がんばりますよ！　と自分にも気合が入る。逆に熱意もなくて要求も低いと期待されていないのかな、と不安になってしまいます。熱意がないのに要求が高いクライアントとは……話し合うしかないですね。

エナジードリンクの修正デザイン

大胆な縦基調のレイアウトとアイコニックな色使い、グリーンは彩度を調整し、ケミカル感を抑えながら目を引く色味でエナジードリンクらしさを狙いました。

クライアントの高い要求に対し、修正デザインを提示す

ることは勇気がいります。また、ダメ出しされたらどうしよう……とデザイナーは不安でいっぱいです。でも、クライアントの期待に応えるため、考え抜いた自信作を提案しているのです。

もしあなたがクライアントで、そのデザインが気に入ったのなら「**前よりよくなりましたね！**」とデザイナーに伝えてあげてください。そのひとことが、デザイナーにとってもっともうれしい言葉なのです。

デザイン発注の極意

- 無理にデザイン用語を使う必要はない
- 苦労したエピソードやお客様とのやり取りなど、**現場の泥臭い話**をする
- 修正依頼をするときは、**折衷案を求めるのではなく、修正したい理由**を伝える
- クライアントとデザイナーは、会話に時間を割くことを惜しまない

捨て案でデザイン決定してしまい、怒鳴られた夜に

キャリアを積んでいくうちに、仕事で任される部分が多くなりますよね。自分の裁量でデザインできる面白さと同時に、自分の発言にも責任が生まれます。

●

30代後半のときのエピソードですが、忘れられない苦い思い出があります。クライアントに食品パッケージの最終提案をしたときのことです。
「その日に必ずデザインを決めてきてくれ。そうしないとその後のプロモーションの日程が破綻するぞ！」
ぼくは営業部門から強いプレッシャーをかけられていました。クライアントの意向が二転三転するなかでデザイン提案に時間がかかり、デザイン決定の予定日を大幅に過ぎていたのです。

●

デザイン承認が残っていたのはパッケージの色味でした。デザインチーム内で議論を重ね、ベストな3色を決めました。プレゼン当日は、上司が出張で不在だったため、ぼくが責任者代行としてデザインを決めてこなければいけません。不安にかられたぼくは、提案する3色を引き立てる、捨て案の2色も準備していました。
「提案した3色は、過去の売り上げから見た客観データもそろっているし、デザイン性も優れている。万が一、クライアントが迷っても、あからさまに違和感がある捨て案の2色を見せれば納得してくれるだろう」
ぼくは、そんな皮算用をしていました。結果はもうおわかりですよね。クライアントは捨て案のうちの1色を選びました。焦ったぼくは、決定を変えてもらえるよう言葉を尽くしましたが、結果は覆りません。

●

帰り道、デザインが決定し営業担当は満面の笑みです。忙しそうに各部門にデザイン決定の連絡をしています。ポスター、Web広告など各種媒体が一気に進みだしました。も

う止められません。

会社に戻り、どう上司に報告しようか悩みました。電話をもつ手が震えています。メールアプリを開きましたが1文字も書けません。結局、翌日口頭で報告することに決めました。その日は、よく眠れなかったことを覚えています。

翌朝、フロア中に上司の怒鳴り声が響きました。ふだん温厚な上司が声を荒らげているものですから、「何があったんだ？」と、周囲も心配そうにぼくを見ています。

「オマエがやったことは、クライアントへの裏切り行為なんだぞ！」

刺さりました。心の鮮血がほとばしり、涙で目が真っ赤になりました。「食品パッケージで色がどれだけ重要かわかっているだろう⁉　売れないパッケージで発売したら、最終的にクライアントに迷惑がかかる。どうして止めなかったんだ！」

思い出すだけで胃が痛くなるエピソードです。その日は、仕事が手につきませんでした。どうして捨て案を作ってしまったのか、どうしてクライアントにこちらの提案を納得してもらえなかったのか。席に座っていられなくて、誰もいない非常階段を上がったり下りたりを繰り返しました。見かねた上司が、その夜飲みに誘ってくれました。たくさん話したあと、「今日はオマエがおごれ。それでこの件はチャラだ」と言ってくれて救われました。

自分がデザインで関わったものの発売日はワクワクするのですが、この商品だけは店頭で見るたび胸が痛みました。ざんげの気持ちではないのですが、スーパーで見かけるたびに買い物かごに入れたものです。クライアントに捨て案を提案してはいけないと、身に染みて感じたエピソードです。

STEP 4

チームでの仕事を円滑に進める

チームで仕事をするケースも多いのが、デザインの仕事。社内でチームを組むときもあれば、クライアントも含めたチームでプロジェクトを進めることもあるかもしれません。立場の違う複数の人が関わるときには、いつも以上に言葉をつくして向き合う必要が出てくるのです。

愛ある
“ダメ”の出し方

あなたは英語が得意ですか？　ぼくは苦手です。仕事で使わなければいけない場面もありますが、伝えたいことの半分も言えず、落ち込むことも多々あります。ただ、英語の会話で険悪になったこともありません。当然ですよね。共通言語が乏しい状態では、意思疎通が難しくケンカになりづらいのです。

逆に言えば、共通言語が多いほどケンカになりやすいということになります。言葉の機微がわかるからこそ、相手のひとことにカチンときてしまう。クライアントとデザイナー、共通言語が少ない間柄でもトラブルがあるように、デザイナー同士の会話にも多くのトラブルの種があります。

ここでは、デザインチームの上司が部下へダメ出しするときに気をつけたいことについて考えたいと思います。デザイナーは、こだわりの強い人が多い職種です。色やフォント、レイアウトなど一般の人から見れば差異がわからない部分にも妥協を許さず、「美は細部に宿る」と信じている人が多い。だから、デザイナーは自分のこだわりを知ってもらえるとうれしくなるものです。

まず、デザインチームの上司は**部下のこだわりポイントを理解する**ことがとても重要です。その上でアドバイスしないと、愛あるダメ出しになりません。頭ごなしに修正箇所を伝えても部下は納得してくれないのです。

POINT ❶ デザインを構成する３つのレイヤーがある

ぼくは、デザインをディレクションするときに「**CONCEPT、LOOK、ACCENT**」の3つのレイヤーに分けてアドバイスの仕方を変えています。

デザインを構成する３つのレイヤー

デザインにおいて、CONCEPTが一番大事なのはわかるけど、となりのラーメンの絵は何？　と思った方もいますよね。じつはこれ、**デザインの3つのレイヤーと、ラーメンの味を決める3要素がとても似ている**ので、メタファーとして引用したんです。一つひとつ、事例と一緒に説明していきます。

POINT ❷ CONCEPTのズレは、「醤油ラーメンを注文されたのに味噌ラーメンを出す」がごとし

CONCEPTは、クライアントの意向をくみ、**デザインの方向性を決める大切な土台**です。ここがズレていては話になりません。でも、ときには部下がクライアントの意向を無視してデザインを提案してくることもあると思います。「このほうが絶対おいしいですから！」と、醤油ラーメンを注文されたのに味噌ラーメンを作ってしまったようなものです。

そこで、「なんでお客さんの注文どおりに作れないの？やりなおし！」と頭ごなしに否定してはいけません。まず、「味噌ラーメンもおいしいよね。どんな工夫をしたの？」と相手のこだわりを聞いてみましょう。きっと部下は、自分の工夫やデザインに込めた思いを熱く説明してくれるでしょう。

その上で、クライアントの意向とズレている部分を質問するといいと思います。

「濃厚な合わせ味噌がおいしいのはわかった。でも、クライアントはあっさりとした旨味を要望しているのに、なぜ真逆な味を提案するのかな？」

このとき、**部下がクライアント視点で説明したなら、しっかりと耳を傾けるべき**です。もしかしたら、クライアントが気づいていない、新しい視点がそこにあるかもしれません。逆に、「こっちのほうが私はおいしいと思うからです！」と自分視点で語るデザイナーには、きちんと諭してあげなくてはいけません。

まず、クライアントの意向に沿ったものを提案してから+αの提案をしよう。+αの提案だけでは、共感を生まない独りよがりなデザインになってしまうよ。

自分のこだわりを理解してくれた上で、目指すゴールとのズレを明確に教えてくれる。そんな上司の言葉には、必ず部下も耳を傾けてくれます。

POINT ❸ LOOKのズレは「太麺を注文されたのに細麺を出す」がごとし

LOOKは、色やカタチ、レイアウトなど、**デザインの見た目を決める要素すべて**を指します。気をつけるべき点は、**LOOKは好き嫌いが出やすい**ことです。

ラーメンでたとえるなら、麺です。スープと同じく、味に大きく影響するものの、個人の好みも分かれます。同じ醤油ラーメンでも、太麺のモチモチ感が好きな人もいれば、細麺の喉越しがたまらない！　という人もいます。

部下がLOOKにこだわっていると感じたら、上司は覚えておくといいことがあります。それは、**LOOKに正解はないが、セオリーはある**ということです。

デザイン要素で好みがもっとも分かれる「色」を例にして考えてみましょう。デザインは単色で構成されることは少なく、いくつかの色を組み合わせることが多いです。つまり配色が必要となります。そして配色にはセオリーがあるのです。

配色のセオリーでもっとも使いやすいのは「トーン配色」でしょう。たとえば、色相が大きく異なる複数の色も、彩度をそろえるだけで調和がとれたデザインになります。

トーン配色

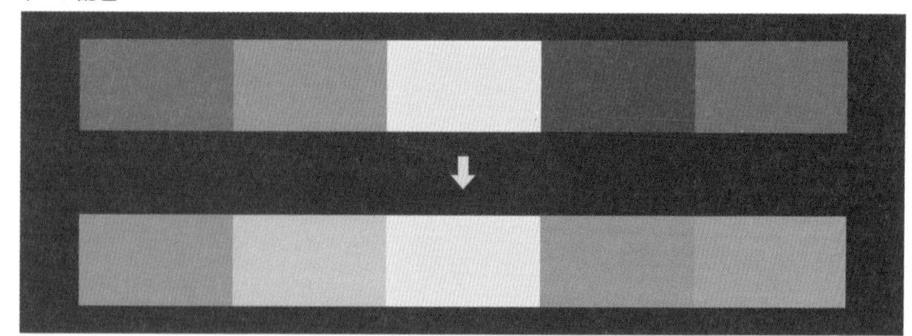

ちぐはぐな配色もトーンをそろえるだけで調和がとれます

次に、より具体的な事例で見てみましょう。

華やかながら落ち着いた印象を与える「日本の模様」をテーマにしたグラフィックをお願いしたい。

このようなクライアントのオーダーに、あなたの部下が下のデザインを出してきたとします。

グラフィックはとてもいいのですが、「華やか」というキーワードを意識するあまり、色数が多くトーンが合っていません。もうひとつの要素である「落ち着いた印象」が弱いですよね。彩度の調整、とくにメイン色のマゼンタに手をいれると、クライアントの要望に応えるデザインになりそうです。

ここで、「マゼンタの色味が浮いているから彩度を調整してくれる？」と短い言葉だけを伝えるのはNGです。

デザインの完成度は高いけど、クライアントの要望からはズレているね。

というように、自分のデザインが否定されたのではないと、部下に感じてもらうことが大切なんです。デザイン全体の印象を決めるメイン色は、デザイナーが一番こだわる部分。それを理由も言わずに、「修正」の2文字で片付けてはいけません。

また、修正方向を具体的にし、かつ部下が自分で考えられる余地を残しながらコメントすることも重要です。

華やかさを色数を使って表現している部分はとてもいい。けれど、「落ち着いた印象」が表現できていない。色の彩度を低めに合わせて、トーンをそろえよう。彩度を落とすと華やかさが減るはずだから、何色か足して全体のバランスを取ってみて。

大きな方向性を明示しつつ、**部下が試行錯誤できる余地を残す**ことが、デザインのディレクションではとても大切だと思います。1から10までコメントしては、単なる作業指示になってしまい、部下のやる気が下がってしまう可能性があります。

華やかながら落ち着いた印象を与えるように修正されたデザインサンプル

Before

After

POINT ❹ ACCENTのズレは、部下のセンスに任せてみよう

ACCENTは、**デザインを完成させる細部の仕上げ**のことです。LOOKとACCENTの線引きは難しいですが、**変更してもデザインのクオリティーが変わらない部分**がACCENTだと考えてもらっていいと思います。LOOKとACCENTの差を見極め、部下に任せる部分には口を出さないことも上司に必要なスキルです。

ラーメンでいえば、ACCENTはトッピングです。煮卵ラーメンもチャーシューメンもそれぞれのよさがあります。味の決め手になるスープと麺がおいしくできていれば、どんなトッピングをのせてもおいしいでしょう。煮卵とチャーシュー、どちらがトッピングとして優れているかを議論することは意味がありません。

誰でも、自分の提案が採用されたときはうれしいものです。そのうれしさが仕事へのモチベーションにつながります。逆に、たとえそれが正解だったとしても、1から10まで上司に言われてこなすような仕事はモチベーションを下げてしまいます。

部下の提案で自分のセンスと違う部分は気になりますよね。つい細かい修正コメントをしたくなるものです。でも、**デザインのクオリティーが変わらないなら、部下の提案を積極的に採用するほうがいい**と思います。それが自信となり、部下の成長にもつながるのです。

部下や外注先、もしくは一緒に働くチームメンバーに対してだって、デザインのダメ出しをするのは骨が折れることです。本当はメンバーの思いどおりにデザインさせてあげたい、でもデザインのクオリティーは妥協できない。そんな相反する気持ちと向き合わなくてはいけません。

衝突することもあれば、「これなら自分でデザインしたほうが早い！」と思ってしまうこともあるでしょう。でも、それを乗り越えていいデザインができたときは、ひとりでは感じられない喜びと充実感が得られるはずです。

愛あるダメの出し方の極意

・デザインチームの上司は、頭ごなしに修正せず、**部下のこだわりポイント**を理解する
・以下の3つのレイヤーに分けてアドバイスの仕方を変える

❶CONCEPT（**デザインの方向性を決める土台**）……
まず、部下にこだわりを聞いた上で、クライアントの意向とズレている部分を質問してみる
❷LOOK（**デザインの見た目を決める要素**）……
「正解はないがセオリーはある」ことを意識して、部下が自分で考えられる余地を残しつつコメントする
❸ACCCENT（**デザインを完成させる細部の仕上げ**）……
変更してもデザインのクオリティーは変わらない部分なので、部下の提案を積極的に採用する

デザインの方向性で意見が割れてしまったら?

気軽においしく食べられるサンドイッチ。その名前の由来は有名ですよね。18世紀後半、カードゲームが大好きなサンドイッチ伯爵が、ゲーム中でも片手で食事ができるよう、パンに具を挟んだものを作らせたというエピソードが通説となっています。

じつはこのエピソードのなかに、デザインする上でとても大事なことが隠れています。それは相反する要素や意見をまとめて昇華させ、新しい価値を生んでいるところです。

①長時間カードゲームに集中したい
②おなかは減るけど食事のために席を離れたくない

この矛盾するふたつの要素を見事に成立させたことで、サンドイッチは「手軽にとれる食事」として、新しいスタイルを生み出しました。これは世界的な発明と言えるでしょう。

このように、**相反する要素のどちらにも妥協しないアイデアを出せたとき、自分でも予想していなかったすばらしいゴールにたどりつけることがある**んです。あるスタートアップから依頼された、仮想の事例とともに見ていきましょう。

> 真っ白なキャンバスに描くように、人と人とのつながりから新しい価値を生み出したいと起業した人材紹介エージェント「ALBO(ラテン語で白いを意味する言葉)」。社名を入れたロゴマークの作成をお願いしたいです。

ロゴマークとは、企業やブランドのイメージを図案化したものです。よく、ロゴタイプと呼ばれる、社名やサービス名などを図案化した文字と混同されがちですが、別モノです。ところが、やる気にあふれるふたりの共同創業者、AさんとBさんから相反する要望が出てきました。

Aさん

人と人とのつながりで世のなかに好循環を作りたい思いを込めて、丸いカタチをモチーフに作ってほしい。

Bさん

常に、他社にはない最先端の尖ったサービスを提供したい、という気持ちを込めて三角形を基本としたロゴにしたい。

Q Aさんも Bさんも一歩もゆずる気がありません。こんなとき、あなたならどうしますか？

POINT ❶ 論破するのはもってのほか

丸と三角、相反する要素をふたつともメインモチーフにデザインするのは難しいことです。どうしても主従関係ができてしまうもの。だからといってクライアントの思いを変えてしまうような提案は避けるべきです。

丸と三角、相反する要素を取り入れてロゴマークを作るのはおすすめしません。それよりも社名であるALBOのロゴタイプ（図案化された文字）を作成し、そこにおふたりそれぞれが思い入れのある丸と三角を使いましょう。

このように書くと、論理的で建設的な提案に見えますよね。でも、ロゴタイプ（文字）とロゴマークは、似ているようで用途が違います。ロゴマークを要望するクライアントにロゴタイプを提案し承諾してもらうのは、**デザインの言語化ではなく、言葉で相手を論破しているだけ**になってしまいます。もしかしたら、クライアントも納得してくれるかもしれませんが、論破してばかりだと自分の首を締める事態になりかねません。

どういうこと？　と疑問に思った方もいるかもしれません。首を締めるとは、どのような状況だと思いますか？

それは、**自分の言葉を、デザインを伝えるために使っているのか、相手を論破して仕事をスムーズに進めるために使っているのか、わからなくなってしまう状況**のことです。

この状況に陥ると、自分のデザインに自信がもてなくなってしまいます。最初は気にしなかったクライアントも「この人、いつも論理的に言いくるめてくるな」と疑問を感じてしまうかもしれません。結果、自分の仕事が減ってしまう事態にもなりかねない。デザイナーにとって、相手を論破することは絶対に避けるべきことなのです。

POINT ❷ 妥協は論破よりもタチが悪い

論破することがダメならば、どうすればいいのでしょう？　たとえば、丸と三角を組み合わせてこんなロゴマークを作ることもできますよね。

人と人との交わりを細い水平線で表し、丸と三角が交わる部分に新しいカタチが生まれています。クライアントの要望をくむグラフィックとしては悪くないですが、これはいいデザインと呼べるのでしょうか。ぼくには、妥協案に見えてしまいます。それは、**このロゴマークからは、AさんとBさんの思いが伝わってこないから**です。

Aさんは「丸で循環を表現したい」と言っている。Bさんは「三角形で最先端の尖ったイメージを出したい」と言っている。お互いの主張を取り入れ、折衷案でできあがったロゴマークから発せられるメッセージは弱いと感じませんか？　熱いお茶に氷を入れると飲みやすいけど、味はボケますよね。ふたつの意見の間を取ったデザインは、クライアントにとっても物足りなく映ることでしょう。

論破してはいけない、妥協もダメ。いったいどうすればいいのかわからなくて、頭が痛くなりそうですね。でも、そんなピンチのときこそ、新しいアイデアが生まれるチャンスでもあります。視点を変えると、まったく違うアプローチが見えてくるのです。

POINT ❸ 根本から見方を変えるアイデアC

ロゴマークが使われるシーンは、Webサイトや名刺などディスプレイや印刷物が多く、自然とフラットな世界を思い浮かべがちです。丸や三角といったキーワードもそれを助長しているのかもしれません。

XとYの2軸で構成される平面世界では、丸と三角は違う図形です。でも、視点を変えてみたらどうでしょうか？もしかしたら、**丸と三角は同じ物体のなかで共存できる**かもしれません。

お気づきになられた人もいると思います。そう、円すいです。X、Y、Z の3軸で構成される立体世界では、円すいは見る角度によって丸に見えたり三角に見えたりしますよね。その考えをロゴマークのデザインに使った一例が、次のページのデザインサンプルです。

3次元の円すいを2次元のグラフィックに落とし込んでロゴマークにしてあります。初めて見たときには、ただの2次元図形に見える人もいるはずです。でも、円と三角の

ストーリーを聞いた瞬間に、このグラフィックは誰の目にも円すいに見えるはずです。

このロゴマークには、正円も三角形も描かれていません。でも、世のなかに好循環を作りたいというAさんの思いと、常に最先端の尖ったサービスを提供したいBさんの思いが一体となったロゴマークに感じませんか？

クライアントは、デザイナーにとって大事なお客様であるとともに、**ひとつの目標に向かって進むチームメイト**のようなものです。だから、デザイナーが強引にチームメイトを納得させてもいい結果にはつながりません。逆に対立する意見を昇華させ、ひとつ高い次元でみんなが腹落ちするアイデアを提案できれば、チームの士気は必ず上がります。

プロジェクト内で対立が起こることは珍しくありません。メンバーの本気度が高いほど、対立が深まるものです。そんなときこそ、AかBかの二項対立で議論するのではなく、**メンバー全員で、AでもありBでもある、まったく新しいCというアイデアを生み出すことに力を注いでみてください**。

答えを見つけることは、決して簡単なことではありません。でも、新しいアイデアが出た瞬間に感じる達成感と高揚感は、何度体験しても格別なものです。だから、頭を抱えるような相反する要求をされたとき、ぼくは「おっ！来たな」と自然な気持ちで向き合うことにしています。変にポジティブにもネガティブにも捉える必要はありません。クライアントの要求に、真正面から自然体で向き合うことが、いい結果につながるし、何よりデザインが楽しくなる方法だと思っているからです。

デザインの方向性で意見が割れてしまった場合の極意

- **論破**するために自分の言葉を使わない
- ふたつの意見の間をとるような**妥協**はしない
- AでもありBでもある、**アイデアCを生み出す**

役員相手のプレゼンは、全員を味方につける

年に1回あるかないかですが、大企業の社長や役員に直接プレゼンすることがあります。

提案の準備期間も半年、もしくは1年越しになる大きなプロジェクトです。そのような場合、クライアント側にもワーキンググループが立ち上がり、依頼先であるぼくたちを含め、大きなプロジェクトチームが結成されます。目標はただひとつ。**自分たちの提案を経営トップに承認してもらうこと**です。

数年前、初めてそのような機会に恵まれました。数か月にわたる準備期間。それを締めくくる最終プレゼン。会場は見上げるような高層ビルの最上階です。そこへ向かうエレベーターは、我が家の寝室より大きいほど。「役員会議室」と金色に輝くプレートのついた扉を開けると、赤いじゅうたんに重厚な机、その周りを立派な椅子がぐるりと囲みます。

ドラマでしか見たことがない光景でした。ホントにこんな部屋があるんだな、とため息が出ました。社長をはじめ十数人の役員が並ぶ緊迫した空気のなかで、プレゼンは始まりました。

結果、プレゼンはつつがなく終了。無事に受託が決まり、提案チームもホッとしました。ただ、ぼくは何か腑に落ちない感覚になったのです。プレゼンはたしかにうまくいきました。でも、このプレゼンは自分でなければできなかったのでしょうか。

場の雰囲気にのまれていたのだと思います。緊張したぼくは、「失敗しないこと」を目的にプレゼンしました。何度も練習したセリフは、たしかに聞きやすかったと思います。でも、それはベテラン営業職なら誰でもできることです。デザイナーだからこそ、伝えられる「何か」があったんじゃないだろうか？　そんなことを、ずっと考えていました。

POINT ❶ プレゼンの本質は役員相手でも変わらない

その後も何度か役員プレゼンをする機会に恵まれましたが、そのなかで学んだことは、たったひとつです。それは、**役員相手でもプレゼンの本質は何も変わらない**、ということです。

「**考え抜いたストーリーを簡潔に伝え、共感してもらう**」
これはぼくの考える、プレゼンでもっとも大事な心構えです。初めての役員プレゼンのときは、この心構えを忘れていました。最初の頃は「相手が役員だから」と意識するあまり、デザインがもたらす経営効果など、数字をベースにしたプレゼンをしてしまったのです。

経営のプロである経営者に対して、**付け焼き刃の定量データを持っていったところで、心には響きません**。書道の師範代に、慌てて練習した習字を見せるようなものです。「うん、悪くないね」とうなずかれるだけで、師範代の心には何も残りません。

「プレゼンは資料がすべて」という意見もありますが、ぼくはそう思いません。伝え方ひとつで、相手の印象が大きく変わってしまうのがプレゼンの本質だと思っています。

POINT ❷ チームワークは会社を超える

東京オリンピックがあった、2021年のことです。伝え方の工夫をすることで、明らかに場の空気が変わった瞬間がありました。**会社の枠を超えてプロジェクトチームが一体となり経営トップを動かした**、思い出深いプロジェクトです。

あるショッピングモールの再開発に関するプロジェクトでした。クライアント側の企画部長が担当窓口、課長が実務の指揮をとり、その下で十人弱の部下の方々がそれぞれの業務を担当します。ぼくが所属する提案チームも、プロジェクトマネージャー、営業、企画、デザイナーやエンジニアが集まり、総勢20人超の大きなチームになりました。

折り合わない条件、予算や日程などの問題。調整項目は山ほどあります。対立に近いような、衝突寸前の状態を乗り越えて、数か月が過ぎる頃にはチームの雰囲気がガラリと変わりました。会社という枠組みを超えて一丸にならないと、プロジェクトが前に進みません。とても大変なプロジェクトでしたが、最終プレゼンが近づくにつれ「このチームでいられるのもあと少しなんですね」という会話さえ出てくるようになったのです。

POINT ❸ チームを活気づけるデザインの力

ぼくはプロジェクトを加速するために、**頼まれてもいないものをサプライズでデザインする**ことがあります。この再開発プロジェクトでも、メンバー専用のZoom（オンラインミーティングツール）用背景を作ったり、オリジナルうちわをデザインしてメンバーに配ったりしました。うちわは予想以上に好評で、真夏のミーティングではみんなに使ってもらえたのもいい思い出です。

最終提案を1か月後に控えたチームミーティングでも、ぼくはサプライズデザインを準備していました。ショッピングモールのデザインにとどまらず、ショッピングモールから駅まで続く道のイメージスケッチを、モールと同じ世界観で作成しておいたのです。

「いつかショッピングモールが完成して、こんな夢のような街になったらうれしいですよね」と最終提案前にチームの志気を高めたくて描いたスケッチでした。これが自分が思っていた以上に、予想を超えたレベルでメンバーを刺激したのです。

こげちゃ丸さん、このスケッチを本提案にも入れましょうよ！

クライアントの企画部長が言いました。他のメンバーも「そうだ、そうだ！」と言わんばかりの表情です。議論を重ねた結果、最終提案にこのスケッチを入れることになりました。プロジェクトの範囲外で作ったものだけど、提案チームの思いを経営層にぶつけたい！　とみんなの気持ちがひとつになった瞬間でした。

POINT❹ 勝負の最終プレゼン

大型案件のプレゼンは、川を挟んだ戦のような陣形になります。長い机を挟み、クライアント側と提案チームが相対するのです。

このとき、一緒にプロジェクトを進めてきた企画部長と課長は、クライアント側に座ります。あくまで提案は、社外のぼくたちが行うカタチになるのです。部長と課長は長い机の端っこで、じっとぼくたちを見守っています。おふたりとも部下を数十人抱える大企業の管理職ですが、最終プレゼンに並ぶ役員たちの前では、下っ端同然です。このプロジェクトの成否を問われるのは、そのふたり。緊張感がこちらにも伝わってきました。「それでは、時間になりましたので始めさせていただきます」。

プレゼン時間は20分。そのうちデザインパートは5分。提案チームのプロジェクトマネージャーが概要を説明したあと、いよいよデザインの出番です。

プロジェクトマネージャーの声に促され、ぼくは会議室正面の大型スクリーンの前に立ち、プレゼンを始めました。何度も何度も練習したセリフ。提案内容を簡潔にまとめた4枚のスライドでデザインのポイントを説明していきます。役員の表情は一様に固く、まるで怒っているようです。でも、そんなことは気にしません。場数を踏んでわかったのですが、大企業の役員は威厳を重んじるというか、重要な会議ほど難しい顔になるようです。

近寄りがたいオーラをまとった役員たちの顔を見ながら、ぼくは5枚目、最後のスライドを映し出し一歩前に出ました。

これは、今回の提案のスコープ外ですが、駅までの道をショッピングモールと同じ世界観で描いたスケッチです。担当の○○部長、□□課長と一緒に、いつかこんな街にしたいんだと語り合った、プロジェクトチームの夢を描いたスケッチです。

長机の一番奥、スクリーンから一番遠い位置のふたりが前のめりにぼくを見ているのを感じます。少年マンガなら、「こげちゃ丸さん……！」と無言のセリフが書かれるような熱い視線です。その熱が波及したのでしょうか、威厳を放っていた役員の姿勢がゆらりとしたんです。明らかに場の緊張がゆるんだのを感じました。

デザインパートが終わり、営業が予算・日程などの数字情報を伝え、最後にプロジェクトマネージャーが締めの挨拶をしてプレゼンが終わりました。

プレゼンのあとは質疑応答です。やはり経営者の質問は数字に集中します。日程に関してはプロジェクトマネージャーが、予算については営業が的確に答えていきます。いくつかの質問のあと、クライアントの経理担当役員が手を挙げました。

「デザインパートの最後、駅までの再開発を含めた提案に関する金額は、予算案に入っているのかね？」営業がスッと立ち上がり、宣言しました。「早急に追加提案を含んだ予算を作成いたします」この瞬間、チームメンバーは今回の提案が役員に承認されたことを確信しました。

POINT ❺ クライアントもチームメンバーだ

クライアントと依頼先、一般的には対立を想像する関係性ですよね。ただ、今回の事例のように、一緒にプロジェクトチームを組むことは珍しくありません。

会社という枠を超え、ひとつの目標に向かって突き進

む。そんな混成チームは、トラブルも多いし、プロジェクト初期は衝突しがちです。でも、その枠を取り払うことができたとき、一社ではなし得ない大きな結果を生むことができます。

プレゼンに限らずですが、メンバーを巻き込んで志気を高める力がデザインにはあります。それと同じくらい、伝え方や言葉の選び方で結果は大きく変わるのです。デザインの力と同じくらい、ぼくは言葉の力を信じています。

役員相手のプレゼンの極意

- 数字に頼ったデータだけでは響かない
- 頼まれていないものを**サプライズ**でデザインしてみる
- 会社が違っても、**熱量**は波及する

「論破した場面、痛快でした」と言われて、ハッとしたとき

「こげちゃさんが論破した場面、痛快でした」

●

クライアントへのプレゼンの帰り道、同行した後輩がぼくに言いました。思わず、「論破？」とぼくは聞き返しました。

「先方の広報部長、こちらが推しているA案よりも、保守的なB案にしたがっていたじゃないですか。場の雰囲気もB案に傾きかけたし。それをこげちゃさんが言葉巧みにA案の有用性を力説して、最後はA案に決定した。スカッとしましたよ！」

笑顔で語りかける後輩とはうらはらに、ぼくの表情は曇っていました。当時、ちょうど40歳になった頃。クライアントへのプレゼンも任され、結果も出し、自分の仕事に手ごたえを感じていました。

●

経験値もたまり、こちらの意図をクライアントに伝え、納得してもらえることに自信をもっていたのです。ところが、自分は意図していない「論破」という言葉を後輩から言われ戸惑いました。自分のプレゼンが、相手を論破しているように見えたことにショックを隠しきれませんでした。

「納得」と「論破」。どちらも仕事を進める上で必要なプロセスですが、結果は似て非なるものです。依頼先に論破されて、気分がよくなるクライアントはいません。逆に提案したデザインが相手に納得してもらえたら、そのクライアントとはその場限りの関係でなく、次の仕事につながる結果になるでしょう。

●

正直に言えば、少なからず「論破」している自覚があったのだと思います。自分では、うまく隠していたつもりが、後輩から見てもバレていた。それはつまり、「相手を論破しようとする態度」がクライアントにも伝わってしまっていたということです。営業や後輩から、「こげちゃさんのプロジェクトは、いつもスムーズに進むので助かります」と言われ、気持ちが大きくなっていたのかもしれません。自分の考えたア

イデアが、エンドユーザーに届くことが一番いいことだと過信していたのです。

「自信」と「過信」の差は曖昧で、気をつけないと自分の心は過信に傾くものです。なぜなら、自信をもつのは難しいですが、過信するのは簡単だからです。自信は、他者との関わりがなくては生まれませんが、過信は自分ひとりですることができます。盲目的に「オレはできる！　できるんだ！」と思い込めば、根拠のない自信をもつことはできるでしょう。でもそれは井のなかの蛙と一緒。大海に出た瞬間に消えてしまう幻です。

◉

後輩に「論破」という言葉を使われてから、随分悩みました。どうすれば、クライアントに納得してもらえるのか？　考え続けました。出した結論は、とてもシンプルなものです。

「相手の立場になってプレゼンしよう」

序章にも書きましたが、プレゼンで大事なことは、相手が知りたいことを最初に伝えることです。じつは、これがなかなか難しい。

相手が社長なら経営者視点で語らなければいけません。相手が技術者ならば、専門用語を勉強しておかないとプレゼンは成功しません。デザイナーは、ユーザー視点を養う努力は苦にならない人が多いです。でも、クライアント視点を養う努力ができる人は少ない気がします。クライアントを論破していた40歳のぼくには、その努力が足りていなかったのだと思います。

◉

先日、自宅で金融関連の本を読んでいたときのことです。それを見た妻が、「今度のクライアントは金融系なの？」とぼくに聞きました。思わず、「さすが！」と驚いたら、「何年あなたの仕事を見てきたと思ってるのよ」と返されたんです。

自分の頬がゆるんでいるのが、鏡を見なくてもわかりました。絵を描くだけがデザイナーの仕事じゃないのだと、妻が理解してくれていることが、とてもうれしかったのです。

まとめ

いいデザインって何だろう?

あなたにとって、「いいデザイン」とは何ですか?　そもそも、この質問に意味がないと考える人もいるでしょう。デザインに正解はありません。いい、悪いを決める要素はさまざまです。

売れるデザイン。人の記憶に残るデザイン。環境に配慮したデザイン。時代によっても判断基準は変わります。「いいデザイン」の本質は、定義できないところにあるのかもしれません。それでも、自分の判断基準として「いいデザイン」を言語化しておくことには、意味があると思います。言語化しておくことで、迷ったときにどうすべきかが見えてくるからです。

これまで、さまざまなデザインの言語化について考えてきましたが、本書の最終章では、「いいデザイン」を言語化する意味について考えていこうと思います。

「いいデザイン」を言語化する意味

「いいデザイン」の言語化とは、**自分の軸となるデザイン指針を作ること**に他なりません。

だから言語化するときには、具体的な行動がとれる言葉にするといいでしょう。高尚な表現にしたり、後生に残るように普遍的な言葉にする必要はありません。
他人の目を気にせず、自分が腹落ちする言葉で表現してみてください。きっと、自分がデザインをする上で、大切にしたいものが見えてくるはずです。

ぼくの考える「いいデザイン」

ぼくは、「**いいデザイン**」**とは**「**相手が受け取れるデザイン**」だと考えています。

どういうこと？　と思った人もいるかもしれません。補足して説明しますね。本書では、たびたび「相手に伝える」ことの重要性について書いてきました。自分がデザインした意図を第三者に伝えるために、言語化は必要です。この「伝える」を一歩進めた考え方が、「受け取れるデザイン」です。

「伝える」の主語は自分。「受け取れる」の主語は相手になります。

同じ行為でも、主語が変わるだけで印象が変わると思いませんか？「伝える」は一方通行です。しかし「受け取れる」は、双方向でないとできません。

デザインは、恋愛に似ているのかもしれません。片思いの人に、一方的に思いを伝えても相手は受け取れませんよね。いきなり「結婚しよう！」と言っても、うまくいくわけがありません。だから、まず相手のことを知ろうとします。そして、自分のことを知ってもらう努力をする。そして、時間をかけて相手が自分の気持ちを受け取れる関係を目指していきます。

クライアントや、その先にいるエンドユーザーとの関係も同じなんです。伝えよう、伝えなきゃ、と一方通行で考えている限り、仕事は前に進みません。でも、意識を少し変えるだけで相手の受け止め方は変わります。主語を自分ではなく相手にして、「**どうすれば相手が受け取れるデザインになるのだろう？**」と考えるのです。

「相手が受け取れるデザイン」に必要な３つの心構え

クライアントからデザインを頼まれたら、どんなことに気をつけますか？　多くの案件を経験したデザイナーなら、きっと答えは同じじゃないでしょうか。

- **相手の要望を聞き、依頼目的を理解する**
- **その目的に沿ってデザインする**

クライアントワークの基本の「き」ですよね。ぼくはそれに加え、次の3つの心構えを大事にしています。

1. プロ意識を強くもつ

以前、入社間もない後輩とふたりでクライアントのオフィスに赴いたときのことです。「初めまして！　まだ経験の少ない新入社員ですが、よろしくお願いします！」。元気よく深々と頭を下げるその姿にクライアントは目を細めてくれましたが、ぼくは心配になりました。打ち合わせの帰り道、後輩にこう伝えました。

「いまから、プロ意識をしっかりもとう。クライアントからすれば、キミが新入社員かどうかは関係なくて、高い依頼料を払っているプロのデザイナーでしかないんだから」

この言葉、20年以上前に先輩から言われた言葉の受け売りなんです。じつはぼくも初めてクライアントとの打ち合わせに行ったとき、緊張のあまり「新入社員」という言葉を使ってしまったことがあるんです。経験はないけど一生懸命頑張ります、と熱意を伝えたくてポジティブな気持ちで使った言葉でした。

それを先輩から、プロ意識が低いと指摘されてしまったのです。この、自分への期待値を下げるための予防線みたいなものは、経験豊富な中堅デザイナーでも思わず使ってしまうときがあります。たとえば、初めて担当する業界の仕事で熱意を伝えようとするあまり、クライアントが違和感を抱く言葉を使ってしまったことはありませんか？

「この業界は初めてですが、一生懸命勉強させていただきます！」

クライアントからすると、「あなたはお金をもらって勉強しに来ているんですか？」と思いますよね。新規クライアントとの仕事は、誰でも緊張するものです。でも、**依頼を受けた瞬間、あなたはデザイナーであると同時に、その道のプロにならなくてはいけません**。業界のことを事前に調べるのはもちろん、打ち合わせのなかで知らない言葉が出たらすかさず質問し、同じ質問は二度と繰り返さない。

いくら業界の専門用語だとしても、何度も質問されると、クライアントは「この人にお願いして大丈夫なんだろうか？」と不安に感じますよね。逆に専門用語をきちんと理解して、打ち合わせに臨むデザイナーには信頼感を抱くものです。クライアントのことを積極的に理解しようとしているデザイナーとそうでないデザイナー、たとえ同じアウトプットだとしても、受け手の印象は大きく変わってしまいます。

クライアントのことを理解する姿勢。これも、デザイナーがもつべきプロ意識のひとつなのです。

2. スキルの幅を広げる探究心を忘れない

いまも昔も、デザイナーの必須アイテムであるAdobeのソフトウェア群。Creative Cloudを使えば、20以上のアプリケーションを使うことができます。

ところで、あなたはそのうちいくつのアプリを使っていますか？　昔はPhotoshop、Illustratorは必須アイテムとして、ふたつとも必ず覚えなくてはいけないアプリでした。ただ、最近はデザイン領域が拡大・細分化されて、個々のジャンルに特化したスキルをもつ人が増えた印象です。

Webデザインなら、PhotoshopとXD、あとはFigmaなどのデザインプラットフォーム。UIデザインなら、Illustrator、XD、After Effectsに実装系のツール……というように、「その分野で必要なアプリを使いこなす」スタイルが一般的になりました。

ただ、使えるツールは多いほうが、表現の幅も広がります。ぼくはこれまでのキャリアのなかで、プロダクトデザイン、グラフィックデザイン、UXデザイン、デザインコンサルと何度か大きく業務内容を変えています。違うジャンルの仕事は大変でしたが、求められるスキルに合わせ、自然と使えるアプリの数も増えていきました。

複数のデザインスキルをもっていたおかげで、スムーズに進んだ仕事もあります。ある企業のブランディングの仕事で、ロゴデザインを作ることになりました。そこでぼくは、プロジェクトの初期段階からロゴをAfter Effectsでアニメーション化し、ロゴの活用例を想像しやすいようプレゼンしてみました。これによって完成イメージが深まり、クライアント企業の検討スピードも速めることができました。このようなことは、おそらくひとつの分野に特化したデザイナーには難しいことだと思います。

デザイナーにとって、スキルの幅を広げることは、表現の幅を広げることに直結します。そして、**表現の幅が広がるとアイデアの幅も広がる**のです。

想像してみてください。絵が得意なあなたは、大好きな誰かのために心を込めたプレゼントを贈りたいと思ったとします。メッセージカードに水彩画を添えようか？　それともシルクスクリーンでオリジナルのTシャツを制作して贈ろうか？　きっと頭をひねって、ありとあらゆるアイデアを考えるでしょう。でも、もしあなたが楽器も弾けたらどうでしょうか？　きっと、アイデアの幅はグンっと広がるでしょう。

幅広いスキルをベースにした豊富なアイデアがあれば、プレゼンでも自信をもって話せます。その自信は、クライアントにも伝わります。そうすると、アイデアがよりよく見え、クライアントの信頼を得やすくなります。そして、その信頼が「相手が受け取れるデザイン」につながるのです。

スキルの幅を広げることは簡単ではありません。いろんなツールに手を出すことは、効率が悪いと感じる方もいるはずです。でも、アイデアの幅を広げるためなら頑張れる気がしませんか？

3. 相手の期待を超えること

これが一番大事な心構えです。前のふたつは、これを実現するための前段階と言ってもいいくらいです。「相手が受け取れるデザイン」とは、クライアントに迎合することではありません。相手の要望どおりデザインするだけでは、ただの作業者になってしまいます。

1. 相手の要望をくみとり、
2. 自分のなかで消化して、
3. 期待を超えたアイデアに昇華させる

このステップが、いいデザイン、すなわち「相手が受け取れるデザイン」に欠かせないとぼくは思っています。

でもじつは、3番だけでいいなら簡単なんです。クライアントの要望を無視して、予算を気にせず豪華なアイデアを提案すれば、簡単に相手の期待は超えられます。けれども、それでは相手は受け取れないですよね。

では、どうすればいいのか。そこで、1、2番で説明した心構えが必要になってくるんです。プロ意識をもち、同じ目線でクライアントと相対しなければ、相手の要望は引き出せません。その要望に対し、幅広い視点で考えなくては、相手の期待を超えるアイデアは生まれません。これまでの章で「自分のデザインをどう伝えるか」「相手の要望をどうくみとるか」について、ずっと考えてきました。じつはそのすべてが、この「相手が受け取れるデザイン」につながっていたんです。

自身の要望に沿いつつ、想像を超える提案をされたら、誰もがうれしいはずです。人はサプライズプレゼントには弱いもの。冒頭、デザインは恋愛に似ていると書きましたが、これも恋愛に似ているかもしれません。

恋人と過ごす初めての誕生日。相手が喜ぶプレゼントがしたいですよね。だからといって「誕生日、何がほしい？」と直接聞く人は少ないはず。それでは、サプライズが生まれないからです。自分がほしいと思っていたものを、いつの間にか準備してくれていた。これほどうれしいことはないでしょう。いくら自分が受け取りやすいといっても、初めての誕生日に「好きなものが選べるカタログギフト」をもらったら嫌じゃないですか？　やっぱり、サプライズなプレゼントをもらいたいですよね。

クライアントは、デザイナーから驚くような提案が来るのを待っています。いったいどんなデザインが出てくるのだろうと、ワクワクしています。その期待を超えるのは、簡単ではありません。いいアイデアが思いつかないまま、プレゼンの日が迫ってくるときもあります。カレンダーを見るのが怖くなるくらい追い込まれることもあります。

でも、ある日突然アイデアが降ってくることがあるんです。自分の中から湧き上がるというよりは、ふわっと空から舞い降りてくる感覚に近い。そこから先は、一気にデザインが進みます。いままで悩んでいたのがウソのように、コンセプトシートからスケッチ、プレゼン資料までが、ものすごいスピードで完成していきます。そうなると気分はガラリと変わり、早くプレゼンの日が来てほしいとさえ思うようになるのです。

ぼくはその瞬間が大好きなんです。**早く見せたいと思えるアイデアは、自分が手ごたえを感じている証拠**。そして、そんなアイデアは相手の期待を超えて、笑顔で受け取ってもらえることを知っているからです。

アイデアがふいに降ってくる感覚、誰でも一度はあると思います。そんなとき、あなたはどんなことを考えますか？

「オレって天才かも⁉」
「わたしの発想力、すごくない??」

いいアイデアを思い付いたときは、自分をベタ褒めしてあげましょう。ごきげんは自分でとるもの、とぼくが大好きなラジオパーソナリティも言っていますからね。

若いときは、ぼくもそうでした。声には出さないけど、心のなかで自分に賞賛の嵐を贈ることもありました。夜中に、当時付き合っていた彼女に電話して、「すごいアイデアを思いついたんだ！　天才かも！」と興奮した声で伝えたこともあります。あれは迷惑だったと、ときどき妻は思い出して苦笑いしています。

でも、最近は自分を褒めるよりも、感謝の気持ちが大きくなったように感じます。「いままで頑張ってくれてありがとう」。すばらしいアイデアを思いついたとき、これまでの自分の努力に感謝する感覚です。

アイデアは、それまで自分が見たり聞いたり、体験したことからしか生まれません。20年以上前のアルバイトで経験したことと、昨日ニュースで見た情報が頭のなかで融合してアイデアがひらめいたりします。だから、発想力はその人の経験値に比例するのです。

「若いデザイナーのほうが、頭が柔らかくて発想力がありそうだな」。そう考えて若手デザイナーに発注するクライアントもいるでしょう。でも、頭が柔らかいベテランデザイナーがいたらどうでしょう？　そちらのほうが魅力的に感じませんか？

ぼくは、20代や30代より、いまの自分のほうが発想力が豊かだと思っています。それは、新しいことに貪欲にチャレンジし、豊富な経験と柔軟な発想の両方を高めてきた自負があるからです。これは、自分のプロのデザイナーとしての誇りでもあります。

この本を読んでいるあなたが、もし若手デザイナーだとしたら、ベテランを追い越す気持ちでいろんなことにチャレンジしてほしいと思います。それは、あなた自身のデザインを豊かにするとともに、ぼくのようなベテランデザイナーにもよい刺激を与えてくれるはずです。

デザインの言語化って何だろう？

ぼくが本格的に文章を書き始めたのは、いまから4年前の2019年です。本格的、といっても最初はブログに日記を書いていただけです。デザインについて書いた記事は、ひとつもありませんでした。

ご縁があり、フリーランス・副業向けメディア『Workship MAGAZINE』で連載が始まりました。デザインの言語化のために蓄えていた知識が、文章を書く上で役に立ちました。そして、連載を通じて「デザインの言語化」について考えを深めてきたことが、本業のデザインワークにも還元されている気がします。

クライアントへのプレゼンも、以前より自信をもってできるようになりました。メンバーへのディレクションも明確な言葉で伝えることで、お互いが気持ちよくデザインできるようになったんです。自分が歩んできた道はつながっているんだな、と感じています。

ただ、自分の言葉が書籍になるなんて夢にも思っていませんでした。20代の頃は大嫌いだった「デザインの言語化」が、ぼくのデザイナー人生を大きく変えてくれました。

あなたにとって、デザインの言語化とは何ですか？　それを考えることが、あなたのデザインを変えるきっかけになるかもしれません。

デザイナーはいつまでたっても1年生

「こげちゃ丸さんは初めての業界がクライアントでも上手にこなしますよね。何か秘策があるんですか？」

後輩に聞かれたことがあります。とんでもない！　そんな秘策があれば、ぼくが知りたいくらいです。

新しいクライアントを担当するとき、まずはその業界を知るためにリサーチをします。食品だったらプロモーションを依頼されたアイテムはもちろん、他社の類似品まで試食するし、サービスなら会員になってそのサービスを使い倒します。

調べることは山ほどあり、毎日が勉強です。クライアントワークは、常に新しい世界に触れるチャンスがあるので飽きることがありません。半面、自分の知識をアップデートし続けなくてはいけない。それをつらいと思うか、楽しめるかで得られる経験や知識も大きく変わる気がします。

ときには、その業界のベテランたちと対等に会話をしなければいけません。そのためには、業界の専門知識が不可欠です。

コンペチターは誰なのか？　マーケットサイズは？　その技術が生まれるまでの業界の変遷は？

デザインと直接関係ない領域まで調べることは無駄に見えるかもしれません。でも、クライアントへの理解を深めることが、よいデザインをするためには不可欠なんです。

インフラ関係のクライアントから依頼を受けたときのことです。業界動向を調べていくうちに『月刊 防水ジャーナル』という技術情報誌の存在を知りました。防水材、防水施工法などを扱う専門誌です。そのバックナンバーにどうしても知りたい情報があったんです。

ぼくは早速、全国でも有数の大型書店に電話して、取り扱いがあるか尋ねました。結果はなし。違う書店に電話しようとWebで調べていたとき、書店スタッフから折り返しの電話があったんです。

「版元に問い合わせしたところ、書店経由での取り寄せはできないのですが、個人からの依頼には対応いただけるそうです。お手数ですが版元に直接お問い合わせいただけますでしょうか。電話番号は……」

スタッフの心遣いにじーんときてしまいました。自社の売り上げに直結しなくても、自分のためにそこまで調べてくれたことに心動かされました。こうなると、是が非でも『月刊 防水ジャーナル』を入手しなくてはいけません。ぼくは版元に電話し、事情を説明してバックナンバーを購入することができました。

◉

クライアントとの初回打ち合わせ、ディスカッション用に作成したドラフト（提案の素案）を使ってプレゼンしたときのことです。クライアントがうなりました。

「いやぁ、この業界のことをよくご存じでいらっしゃる」

ぼくはすかさず、いくつもの付箋をつけた『月刊 防水ジャーナル』をかばんから取り出し言いました。

「この特集ページに書かれている業界展望は、今回の提案に関わる重要なものに感じました」

一般書店では流通していない業界誌を、ぼくが持っていることにクライアントは驚いていました。どうやって手に入れたんですか？ と興味深々です。もちろん、このあとの打ち合わせもスムーズに進み、最終提案もお互いが納得するものを納品できました。

◉

自分のことを知ろうとしてくれる人には、誰でも好意を抱くものです。逆にどんなに見た目がすばらしくても、Webだけで調べたような表層的な情報でデザインされた提案は、相手の心を動かしません。

デザイナーはいつまでたっても1年生みたいなものです。世のなかの「新しい」に敏感に反応し、目を輝かせて貪欲な姿勢で勉強する。ぼくはそんな姿勢が好結果を生むと思い、いままで実践してきました。そしてこれからも、そのスタンスは変わらないと思います。

おわりに

最後まで本書をお読みいただき、ありがとうございました。デザインの言語化は、デザインの意図を相手に伝えるための「手段」だけでなく、自分の発想を広げたり、チームを強くする力があることを感じていただけたでしょうか？　この本をきっかけに、「デザインの言語化」が、あなたのデザイナーとしての可能性を広げてくれたなら、こんなにうれしいことはありません。

本書は、インターネットでの出会いから生まれました。ある日、SNSで交流のあったWorkship MAGAZINE編集部の少年BさんがDMをくれました。「相談なのですが、ウチで連載をもちませんか？」。突然の提案に声を出して驚きました。ぼくのブログを読んで、この人なら……と思ってくれたそうです。不安はありましたが、めったにないチャンス。「やらせてください！」とお返事しました。Bさんのひとことが、ライターへの道を開いてくれました。

編集長であるじきるうさんは、ライター経験のないぼくに連載を任せてくれた懐の深い方です。Bさんとともに、ぼくの原稿をとても丁寧に、ときにユーモアを交えて編集してくださいます。幸運にも記事は多くの方に読んでいただき、連載期間は2年を超えました。ここまでこれたのは、おふたりのおかげだと深く感謝しています。

そして、連載記事に関心をいただき、書籍化の提案をしてくださったのが、左右社の堝花梨さんです。構成から小見出し、本文まで全編にわたる編集により、書籍ならではの魅力を引き出していただきました。その他にも、装丁と本文デザインを担当していただいたマツダオフィスさんや多くの方々にご協力いただき、すばらしい本ができあがりました。本当にありがとうございます。

もうひとつ、忘れられない出会いがあります。SNSで交流を深めた、ライターのFさんです。連載第1回の記事が公開されたとき、共感の思いと一緒にSNSでこんな返信をくれました。「そうなんだよね。伝えたいことがデザインじゃなくて、受け取れることがデザイン」。

最終章で書いた「いいデザインって何だろう？」は、このときの会話が起点となっています。Fさん。あなたと会話をすることは、もう叶いません。でも、あなたの言葉は、ぼくのデザイナーとしての指針となり、これからもずっと心のなかで生き続けるでしょう。

言葉は、人の心を動かします。
言葉は、新しい出会いを生んでくれます。

この本を手に取り、ぼくの言葉と出会ってくれたすべての方へ、改めて感謝いたします。ありがとうございました！

プロフィール

こげちゃ丸

商品デザインからビジネスコンセプト提案まで、幅広い領域で20年以上クライアントワークに従事。2019年から『Workship MAGAZINE』で、デザインの言語化をテーマにしたコラムを連載開始。デザイナーとライターを行き来しながら、日々クリエイティブと向き合っています。Mail : onigiri0design@gmail.com

---

Workship MAGAZINE

日本最大級のフリーランス・副業メディアです。デザイナー、エンジニア、マーケターなどデジタル系専門職のフリーランス・副業者にとって役立ち、刺激になる情報をお届け。フリーランス・副業者向けニュースや最新ツール、著名人インタビュー、専門家コラムなど、働き方を一歩進める情報を発信中です。

デザインの言語化
クライアントの要望にこたえる4つのステップ

2023年2月1日　第1刷発行
2024年11月15日　第6刷発行

著者　こげちゃ丸
編者　Workship MAGAZINE
発行者　小柳学
発行所　株式会社左右社
〒151-0051
東京都渋谷区千駄ヶ谷3-55-12ヴィラパルテノンB1
電話　03-5786-6030
FAX　03-5786-6032
https://www.sayusha.com
印刷所　株式会社シナノパブリッシングプレス
装幀　松田行正＋倉橋弘

ISBN978-4-86528-357-0